Klaus Roth
Christina Roth
Ulrike Hegar

Mini-Ballschule

Das ABC des Spielens für
Klein- und Vorschulkinder

Bibliografische Information der Deutschen Nationalbibliothek

Die Deutsche Nationalbibliothek verzeichnet diese Publikation in der Deutschen Nationalbibliografie; detaillierte bibliografische Daten sind im Internet über http://dnb.d-nb.de abrufbar.

Bestellnummer 8870

Druck und Verarbeitung: Media-Print Informationstechnologie GmbH, Paderborn

Printed in Germany · ISBN 978-3-7780-8870-8

Inhalt

Kapitel 1
Einführung und
Gliederung

Einführung und Gliederung des Buches

„Bewegung ist das Tor zum Lernen und hat im Zusammenspiel mit der Wahrnehmung eine Schlüsselfunktion für die Entwicklung. Deshalb liegt bei der Förderung kindlicher Kompetenzen ein besonderer Akzent auf Bewegung" (Niedersächsisches Kultusministerium, 2005, S. 18).

„Bewegung hat eine sehr hohe Bedeutung für die Kinder auf unterschiedlichen Ebenen. Sie leistet einen wesentlichen Beitrag zur Herausbildung der kindlichen Vorstellung über sich selbst und die Welt" (Ministerium für Bildung, Frauen und Jugend Rheinland-Pfalz, 2004, S. 24).

Wie bedeutungsvoll die ersten Jahre für die Entwicklung eines Kindes sind, kann nicht hoch genug eingeschätzt werden. Vor dem Schuleintritt, also im *Kleinkind-* und *Vorschulalter* (drei bis sechs Jahre), wird das Fundament für die Lern- und Beziehungsfähigkeit gesetzt. In dieser Zeit werden entscheidende Weichen dafür gestellt, inwieweit Kinder ihre Anlagen nutzen, ob und wie sie mit Neugier und Forscherdrang ihre Umwelt erobern und ihr Leben meistern.

Politiker, Pädagogen und Entwicklungspsychologen sind sich daher einig: der Bereich der vorschulischen Bildung und Förderung gehört zu den wichtigsten gesellschaftlichen Zukunftsaufgaben. In allen Bundesländern wurden in den letzten Jahren Rahmen- oder Orientierungspläne für Kindergärten veröffentlicht. Sie weisen den Einrichtungen neben ihrem allgemeinen Erziehungs- und Betreuungsauftrag ausdrücklich auch einen Bildungsauftrag zu. Der Auftrag orientiert sich pädagogisch und organisatorisch an den Bedürfnissen der Kinder und deren Familien und hebt sich deutlich von dem der Schulen ab. „Das Kind soll der Schule entgegengeführt, entgegengebildet, aber eben noch nicht geschult werden" (Friedrich Fröbel, 1782–1852).

Ein genauerer Blick in die Orientierungspläne der 16 Bundesländer verweist auf einen weiteren „Meinungskonsens": Nach übereinstimmender Auffassung werden vielseitige Bewegungsaktivitäten und das kindliche Spiel als eine Art von *Zünder und Motor für die gesamte Entwicklung und Bildung* angesehen. Kinder sind – so wird in diesem Zusammenhang immer wieder argumentiert – durch und durch „Bewegungswesen". Ausreichende Bewegung gilt als unverzichtbar. Sie ist Ausdruck von Vitalität und Freude (Club of Cologne, 2003, S. 7). Inaktivität in dieser Entwicklungsphase kann prägend für lange Abschnitte des Erwachsenenalters sein. Völker (2008) hat viele Untersuchungen zusammengefasst, die zeigen, dass ein bewegungsarmer Lebensstil in der Kindheit in aller Regel bis in das hohe Alter hinein erhalten bleibt. Die Zweige – so sagt ein altes Sprichwort – geben Kunde von der Wurzel.

Gesellschaftlich-politische und theoretische Einsichten sind das eine. Die Alltagswelt das andere. In den Bildungs- und Erziehungsempfehlungen für Kindertagesstätten in Rheinland-Pfalz ist zu lesen, dass „Möglichkeiten zur Bewegung heute nicht mehr vorausgesetzt werden können. Bewegungsmangel ist bei Kindern keine Seltenheit mehr" (S. 2000, S. 24). Der Ex-Bundespräsident Christian Wulff hat dieses Problem bei der Eröffnung des Kongresses „Kindheit in Bewegung" (2011) wie folgt umschrieben:

> „Wahrscheinlich war noch keine Kindergeneration so beobachtet, so behütet, beschützt und betreut – aber wahrscheinlich war keine deshalb so beengt und kontrolliert. Und auch so unbeweglich. Das tut nicht gut. Bewegungsarmut widerspricht wichtigen zentralen Anlagen im Menschen. Das wissen wir genau!" (Wulff, 2012, S. 11–12).

Im *Kapitel 2* dieses Buches wird der Frage nachgegangen, ob diese Einschätzungen tatsächlich richtig sind. Die Antwort lautet leider Ja! Für den zunehmenden Bewegungsmangel gibt es eigentlich keinen Beweismangel mehr. Nun könnte man sagen: Na und? Sind damit überhaupt irgendwelche weitergehenden negativen Konsequenzen verbunden? Die Antwort lautet leider wiederum Ja!

Die Schlussfolgerungen sind mehr als nahe liegend. Bereits im Kindergartenalter ist eine umfassende Schulung und Verbesserung der Allgemeinmotorik unverzichtbar. *Die Mini-Ballschule versteht sich als Anwalt für eine bewegungsreiche Kindheit und leistet einen wichtigen Beitrag zu einer qualifizierten motorischen Basisausbildung.* Mit ihr wird im *Kapitel 3* das – in der Grundschule bewährte Konzept der Ballschule Heidelberg – auf das Kleinkind- und Vorschulalter übertragen. Die theoretischen Vorüberlegungen und praktischen Empfehlungen orientieren sich an einer Umsetzung des Programms in *Kindergärten* und *Sportvereinen*.

Dass die Ausarbeitung einer Mini-Ballschule für 3- bis 6-Jährige nicht ohne Veränderungen und Anpassungen des ursprünglichen Ansatzes möglich ist, resultiert aus dem Bildungsauftrag, der mit Fördermaßnahmen für Kinder in diesem Altersabschnitt zu verbinden ist. Klein- und Vorschulkinder sind eben anders als Ballschulkinder im Grundschulalter, deshalb müssen auch die Bewegungsangebote anders sein.

In der Konzeption der Mini-Ballschule wird berücksichtigt, dass Kinder noch keine Spezialisten, sondern Allrounder sind und dass gerade in dieser Entwicklungsperiode das Spielen mit unterschiedlichen Bällen einen sehr hohen Aufforderungscharakter besitzt. Das gilt auch und besonders für Heranwachsende, die motorisch nicht ganz so fit sind. Bei der Mini-Ballschule handelt es sich zudem um das erste wissenschaftlich-fundierte und überprüfte Programm, dessen Grundphilosophie direkt auf den drei Leitlinien für den Sport im Kleinkind- und Vorschulalter beruht. Ihre Ziele, Inhalte und Methoden entsprechen den Prinzipien der *Entwicklungsgemäßheit* (Ziele), der *Spielorientierung und Freudbetontheit* (Inhalte) sowie des *freien, aktiv-entdeckenden Lernens* (Methoden).

Mit dem *Kapitel 4* beginnt der Praxisteil des Lehrplans für die Mini-Ballschule. Nach kurzen allgemeinen didaktisch-methodischen Vorbemerkungen werden drei umfangreiche Beispielsammlungen präsentiert. Ihre Reihung folgt der Logik vom „elementaren zu komplexen" Unterrichtsbausteinen:

- Bewegungslandschaften
- Mini-Spielreihen
- Stundenbilder

Allen in den *Kapitel 5 bis 7* präsentierten Spielen ist gemeinsam, dass es keine konkreten Vorgaben zu den motorischen und taktischen Handlungsausführungen gibt. Die Kinder bewegen sich unangeleitet, ohne Instruktionen bzw. Korrekturen durch die Erzieherin oder den Übungsleiter. Das bedeutet allerdings nicht, dass es über den Aufbau von Ball- bzw. Geräteparcours hinaus keine weiteren stimulierenden Anreize geben sollte. Im Gegenteil: das selbsttätige Spielen kann durch Rahmenthemen (Kapitel 5), Impulse in Frageform, Phantasiegeschichten oder auch durch Regeln und weitere strukturelle Festlegungen (z. B. Zahl der Kinder, Spiel-/Übungsfeld, Wurf-/Schussziele) bereichert werden (Kapitel 6) – nicht weniger, aber auch nicht mehr.

Also: *Kommentierung von Bewegungsausführungen „NEIN!"; verbale Stimulationen der Kreativität und Spielfreude der Kinder „JA!".*

Kapitel 2

Ausgangssituation

Bewegungswelt der Kinder

Auswirkungen des Bewegungsmangels

Bewegungswelt der Kinder

„Das Lamento über die Defizite der Kindergeneration ist nicht typisch für die heutige Zeit, sondern altbekannt. Bereits 1836 hat Lorinser den katastrophalen Gesundheitszustand der Jugend beklagt ... Bei ihm wurden stellvertretend für die Errungenschaften der modernen Zivilisation die Eisenbahnen angeprangert. Heute sind es die Computer und die vielfältige Medienwelt" (Bös, 2003a, S. 10).

Die Beschäftigung mit dem Thema „Kindheit und Bewegung" hat Hochkonjunktur. Dabei war es schon immer gebräuchlich, die wissenschaftlichen Betrachtungen der Kindheit und Jugend mit einer Missratenheits- oder Mangeldiskussion zu verknüpfen. Nicht wenige Experten sprechen von verödeten Bewegungslandschaften, Sitzfallen oder einer sitzengebliebenen Gesellschaft. Auch wenn nicht alle Untersuchungen eine komplett einheitliche Sprache sprechen, mehren sich doch die Befunde, die Anlass zur Sorge geben. Und es ist schließlich „nicht zu verantworten, erst dann gegenzusteuern, wenn Mängel einer ganzen Generation von Kindern zweifelsfrei nachgewiesen sind" (Kurz, 2003, S. 4).

Hinweise darauf, dass die Bewegungsarmut bereits im Kindergartenalter beginnt, haben Woll, Jekauc, Mees und Bös (2008) im Zweiten Deutschen Kinder- und Jugendsportbericht präsentiert. Die Abbildung 1 illustriert exemplarisch die Ergebnisse der repräsentativen MoMo-Studie. Sie ist Teil des Kinder- und Jugendsportsurveys des Robert Koch-Instituts (KiGGS: vgl. Bös u. a., 2008).

Misst man die Bewegungszeiten an den Richtlinien der Weltgesundheitsorganisation (WHO), dann ist vor allem die rückläufige Anzahl der bewegungsaktiven Heranwachsenden im Laufe der Kindheit auffällig. Die Guideline der WHO legt ein Minimum von einer Stunde moderater Bewegung pro Tag fest. Das ist wohl nicht zu hoch angesetzt. Trotzdem wird schon im Vorschulalter diese Vorgabe nur von knapp einem Drittel der Heranwachsenden erreicht. Die Quote sinkt bis zum Ende der Kindheit auf 8% bei den Mädchen und 12% bei den Jungen. Die Tendenz ist klar ersichtlich: aus bewegungsscheuen Kindern werden bewegungsarme Jugendliche und später bewegungsferne Erwachsene.

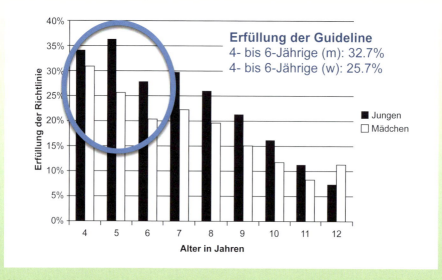

Abb. 1: Anteil der Mädchen und Jungen zwischen 4 und 12 Jahren, die die von der WHO vorgegebene Guideline erfüllen (Woll, Jekauc, Mees & Bös, 2008, S.184; ♀: n = 1.343, ♂: n = 1.409)

Die Konsequenzen dieses sich früh einprägenden Lebensstils sind erheblich und werden nach wie vor unterschätzt. Wir sind von der Natur nun einmal nicht mit Rädern oder einem Ökomotor ausgestattet worden, sondern mit Beinen, die unsere Vorfahren – laut Aussagen von Evolutionsmedizinern – für eine tägliche Laufstrecke von bis zu 30 km genutzt haben.

Auswirkungen des Bewegungsmangels

Das erste Spiegelbild des nachlassenden Aktivitätsniveaus ist naturgemäß eine *verminderte motorische Leistungsfähigkeit*. Nachdenklich stimmen hier vor allem die Ergebnisse einer Sekundäranalyse von Bös (2003b). Er konnte auf der Grundlage von 54 Untersuchungen mit mehr als 100.000 Kindern und Jugendlichen aufzeigen, dass die körperliche Fitness in den letzten 25 Jahren um etwa 10% abgenommen hat. An der Spitze liegt dabei die Ausdauer mit –15,8% (Mädchen) und –24,7% (Jungen). Eine – nicht ohne weiteres – erklärbare Ausnahme stellt die Rumpfkraft dar (nicht in der Abbildung dargestellt), die sich gegenüber den Messungen von 1975 leicht erhöht hat.

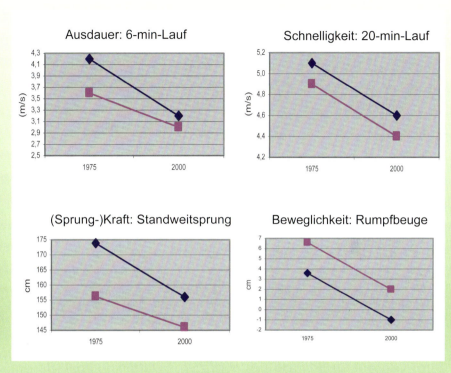

Abb. 2: *Veränderung der motorischen Basisfähigkeiten zwischen 1975 und 2000 (Bös, 2003b, S. 103)*

Als ein zweiter Beleg für den negativen Trend kann der *Motorikquotient (MQ)* angeführt werden. Er beschreibt – ähnlich wie der Intelligenzquotient (IQ) – die Leistungsfähigkeit eines Kindes nach folgendem Muster: ein Kind, das einen Wert von 100 erreicht, ist durchschnittlich entwickelt. Höhere Zahlen weisen auf ein über-durchschnittliches, niedrigere auf ein unterdurchschnittliches Leistungsvermögen hin. Das dazu verwendete Messinstrument ist in den 1970er-Jahren „geeicht" worden. Es heißt *Körperkoordinationstest für Kinder (KTK).* Wenn man den KTK heute anwendet, erhält man im Mittel nur noch einen Score von knapp 93 (vgl. Abbildung 3).

Der Rückgang beträgt hier zwar nur 7%, aber der betrachtete Zeitraum ist auch kürzer. Übrigens: beim IQ ist das anders. Dort haben sich die Werte in den vergangenen Zehnjahreszeiträumen jeweils um drei Punkte erhöht. Man nennt das den Flynn-Effekt. In der Fitness haben wir quasi einen negativen Effekt dieser Art.

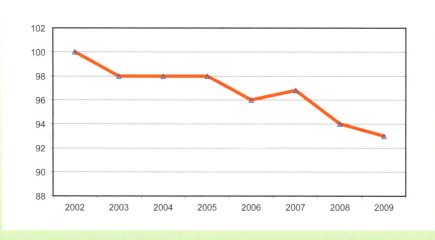

Abb. 3: Entwicklung der KTK-Werte von 2002 bis 2009 (nach: Huber, 2013; n = 32.859)

Internationale Studien verdeutlichen zudem, dass eine PISA-Analyse zur Motorik für die deutschen Kinder kaum positiver ausfallen würde als in anderen schulischen Lernfeldern. In einer gerade abgeschlossenen kulturvergleichenden Untersuchung zur Allgemeinmotorik haben die Kinder und Jugendlichen aus Deutschland den vorletzten Platz belegt, abgeschlagen hinter den Heranwachsenden z. B. aus Brasilien, Japan, Polen und Südafrika (vgl. Roth & Roth, 2013). Sowohl bei den Mädchen als auch bei den Jungen hat sich dabei die Kluft zwischen den Leistungsstarken und Leistungsschwachen vergrößert. Die Erstgenannten verbessern sich eher, die Letztgenannten verschlechtern sich weiter.

Eine eng mit der nachlassenden körperlichen Fitness verbundene Auswirkung des Bewegungsmangels bezieht sich auf gesundheitsbezogene Merkmale, wie die Zunahme des Auftretens von *Übergewicht* und *Adipositas*. Nach der schon erwähnten KiGGS-Untersuchung sind in Deutschland 9% der Kinder und Jugendlichen übergewichtig und 6% fettleibig (Horch, 2008, S. 128). Im Kindergartenalter sind die Zahlen mit 6% und 3% zwar noch etwas niedriger, trotzdem viel zu hoch. Außerdem beunruhigt die Tendenz, dass der Anteil der zu dicken Kinder in den westlichen Ländern kontinuierlich zunimmt. Es besteht die Gefahr, dass in nicht allzu ferner Zukunft die Gleichung „Generation @ = Generation f@t" (Bünemann, 2008, S. 120) tatsächlich Realität werden könnte. Studienresultate zeigen, dass hierfür nicht eine vermehrte Kalorienzufuhr, sondern tatsächlich der verminderte Bewegungseinfluss (haupt-)ursächlich ist. Denn betrachtet man das Ernährungsverhalten von Kindern, dann wird erkennbar, dass der tatsächliche Fettverzehr seit Mitte der 1990er-Jahre wieder gesunken ist.

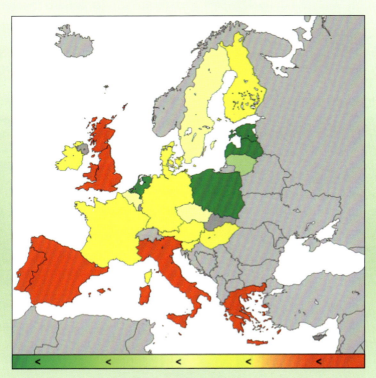

Abb. 4: Europäische Landkarte der übergewichtigen und adipösen Kinder (▆ < 10%; ▢ = 10–20%; ▆ > 20%; aus: Brettschneider & Naul, 2004, S. 105)

Vielleicht nicht ganz so intuitiv einleuchtend oder sogar etwas überraschend ist, dass Bewegungsmangel auch einen negativen Einfluss auf die Gehirnleistungsfähigkeit nehmen kann. Analysiert wurde vorwiegend die umgekehrte Wirkungsrichtung, also positiv betrachtet, ob körperliche Aktivitäten in der Kindheit die kognitive Leistungsfähigkeit stärken. Dabei muss einem Missverständnis vorgebeugt werden. Der verbreitete Slogan „Toben macht schlau" heißt nicht, dass Bewegung, Spiel und Sport direkt die Intelligenz fördern würden (Gegenbeispiele: motorisch ungeschickte Professoren, Fußballer im Interview). Aber: Toben verbessert die so genannten *Exekutiven Funktionen*. Damit sind lernförderliche Rahmenkompetenzen gemeint, wie das *Arbeitsgedächtnis* (Fähigkeit, Informationen kurzzeitig zu speichern und mit ihnen zu arbeiten), die *Inhibition* (Fähigkeit spontane Impulse zu unterdrücken, Aufmerksamkeit zu lenken) und die *kognitive Flexibilität* (Entscheidungsfähigkeit, Einstellen auf neue Situationen). Diesen positiven Einfluss bestätigen inzwischen mehr als 200 internationale Untersuchungen (vgl. zusammenfassend z. B. Berwid & Halperin, 2012). Das Erziehungsministerium in Kalifornien z. B. hat fast eine Million Schulkinder getestet und festgestellt, dass fitte Kinder in der Schule erfolgreicher sind. Wie wichtig die Exekutiven Funktionen für unseren Erfolg im Leben sein können, zeigt die folgende „Gedankenkette": Toben verbessert die Exekutiven Funktionen, diese (speziell das Arbeitsgedächtnis) ermöglichen im Kindergartenalter eine bessere Vorhersage der schulischen Leistungen als der IQ (Blair & Razza 2007; Duckworth & Seligman, 2005) und schulische Leistungen im Alter von acht Jahren lassen einen ziemlich zuverlässigen Schluss auf den Berufserfolg (Wohlstand) und den Gesundheitsstatus im Erwachsenenalter zu (Kantomaa u. a., 2013; n = 8.061).

Es gibt also viele gute Gründe etwas gegen den zunehmenden Bewegungsmangel zu tun!

Kapitel 3
Konzept der
Mini-Ballschule

Grundprinzipien der Mini-Ballschule

Ziele der Mini-Ballschule

Begriffsbestimmungen

Zielbereich A:
Motorische Basisfertigkeiten

Zielbereich B:
Technisch-taktische Basisfertigkeiten

Zielbereich C:
Koordinative Basisfähigkeiten

Inhalte der Mini-Ballschule

Spiele der Mini-Ballschule

Spielen, Freude und Lernen

Methoden der Mini-Ballschule

Zusammenfassung

Grundprinzipien der Mini-Ballschule

Die Mini-Ballschule ist nicht am „Reißbrett" oder „grünen Tisch" entstanden, sondern wurde über viele Jahre in Kindergärten und Vereinen erprobt. Das Konzept hat sich bewährt, auch wenn – wie immer und überall – die Lehrpersonen, die Erzieherinnen oder Übungsleiter mindestens genauso wichtig sind wie der Lehrplan.

Gelebte Praxisnähe hat nichts mit Theorieferne zu tun. Das Gegenteil ist der Fall. Wissenschaftliche Erkenntnisse sind mehr als nur „Vermutungen mit Hochschulabschluss". Sie bilden eine wichtige Basis für den Erstentwurf und die Weiterentwicklung der Mini-Ballschule.

In diesem Kapitel geht es um die Ziele, Inhalte und Methoden des Kindersportprogramms, also um die drei klassischen „W-Fragen": *Wozu* (Ziele), *Was* (Inhalte) und *Wie* (Methoden). Das Curriculum der Mini-Ballschule vereint viele Gedanken vor allem aus der Bewegungs-/Trainingswissenschaft und der Sportpsychologie. Sie lassen sich zu drei goldenen Prinzipien für die motorische Frühförderung zusammenfassen, die wohl als allgemein akzeptiert gelten können: die Ziele sind *entwicklungsgerecht* festzulegen, die Inhalte *spielerisch, freudbetont* zu gestalten und die Methode der Wahl ist das *freie, unangeleitete, aktiv-entdeckende* „Spielen lassen". Die zugehörigen Merksätze lauten:

- Kinder sind keine verkleinerten Erwachsenen!
- Spielen macht den Meister!
- Probieren geht vor Studieren!

Damit sind die Hauptzutaten für die Rezeptur der Mini-Ballschule benannt.

Ziele der Mini-Ballschule

Dass die Zielstellungen von Förderprogrammen – gleich welcher Art – entwicklungsgemäß auszuwählen sind, ist eigentlich eine Selbstverständlichkeit. Wie sagt man so schön: „Die Kinder müssen dort abgeholt werden, wo sie sind". Für eine spielerische Basisausbildung bedeutet das zweierlei. Erstens ist zu berücksichtigen, welche *motorischen Kompetenzen* Klein- und Vorschulkinder gewöhnlich mitbringen. Der Begriff Kompetenzen ist dabei nicht zufällig gewählt. Mit ihm soll verdeutlicht werden, dass die Motorik ressourcenorientiert-stärkend (nicht defizitorientiert) und mit einem engen Bezug zur Bewältigung von Aufgaben im Alltag, im Sport und im Spiel geschult werden soll.

Zweitens – und mindestens genauso wichtig – muss beachtet werden, welche „Talente" die Kinder haben. Wir wissen schon lange, dass die menschliche Motorik lebenslang trainiert werden kann, aber manche Kompetenzen lassen sich besonders gut in der Kindheit, andere in der Jugend und wiederum andere im Erwachsenenalter ausbilden. Entwicklungsforscher haben hierfür einen komplizierten Ausdruck. Sie sprechen von unterschiedlichen altersbezogenen *Plastizitäten*. Dieser Begriff steht in enger Verbindung mit dem Konzept der *Zone der nächsten Entwicklung*. Damit ist der Raum der Verbesserungsmöglichkeiten eines Kindes zwischen seinem aktuellen und möglichen Leistungsstand gemeint, also zwischen dem, was ein Kind leistet, und dem, was es abrufen könnte, wenn es in optimaler Weise angeregt wird.

Was beherrschen also Kindergartenkinder? Und welche motorischen Kompetenzen liegen in der „Zone ihrer nächsten Entwicklung"? Aus den Antworten auf diese Fragen ergeben sich für die Mini-Ballschule Ähnlichkeiten, aber auch Differenzen zum ABC des Spielens in der Ballschule für Grundschulkinder. Den Buchstaben A, B und C kommt eine zum Teil andere Bedeutung zu. Das Resultat kann vorweg genommen werden. Der Zielbereich A bezieht sich auf *motorische Basisfertigkeiten,* deren Bewältigung Voraussetzung für alle weiteren Leistungsfortschritte ist. In der Säule B geht es um erste *technisch-taktische Basisfertigkeiten,* die für eine große Bandbreite von Spielen wichtig sind. Mit dem Buchstaben C wird schließlich auf Kompetenzen eingegangen, die in der Sportwissenschaft und in der Praxis zumeist als *koordinative Basisfähigkeiten* bezeichnet werden. Aus dem A und B und C der Mini-Ballschule wird das ABC des Spielens für Klein- und Vorschulkinder.

Begriffsbestimmungen

Vor der genaueren Beschreibung des ABCs erscheinen zwei terminologische Vorklärungen sinnvoll. Die erste betrifft das Adjektiv „*motorisch"* mit dem zugehörigen Substantiv „*Motorik"*. Der Wortstamm „Motor" kommt aus dem Lateinischen und heißt Beweger. Unsere Motorik bewegt uns, so wie ein Motor Autos antreibt, so wie Emotionen unsere Gefühle und Motive die Beweggründe für unser Verhalten steuern. Die Motorik beschreibt also die inneren Vorgänge, die Bewegung das äußerlich sichtbare Geschehen.

Die zweite Erläuterung bezieht sich auf die Abgrenzung zwischen *Fertigkeiten* und *Fähigkeiten*. Diese Begriffe helfen uns bei der Erklärung von Leistungsdifferenzen zwischen Menschen. Erzielt ein Kind A in einer Bewegungsaufgabe konstant bessere Ergebnisse als ein Kind B, dann führen wir

das – je nach Art der Aufgabe – auf ein höheres motorisches Fertigkeits-
und/oder Fähigkeitsniveau des Kindes A zurück.

Was ist nun der Unterschied zwischen Fertigkeiten und Fähigkeiten? Diese
Frage lässt sich einfach beantworten.

Bei motorischen *Fertigkeiten* handelt es sich um *spezifische* Leistungs-
voraussetzungen. Man „besitzt" eine Fertigkeit, wenn man eine spezielle
Bewegungsform, z. B. das Fangen oder das Dribbeln, beherrscht und man
besitzt diese nicht, wenn man die Bewegung nicht ausführen kann.

Motorische *Fähigkeiten* sind dagegen grundsätzlich *allgemeine* Kompetenzen, die nicht nur für einzelne, sondern für verschiedene Aufgaben-
lösungen von Bedeutung sind. Ein allseits bekanntes Beispiel ist die Aus-
dauerfähigkeit. Diese kann unabhängig von bestimmten motorischen Fertigkeiten verbessert und eingesetzt werden. Ausdauer braucht man z. B.
beim Schwimmen, Laufen, Rudern oder in den Sportspielen.

Zielbereich A: Motorische Basisfertigkeiten

Zu Beginn des *Kleinkindalters* kann davon ausgegangen werden, dass die
Heranwachsenden motorische Elementarformen („fundamental movement
skills") wie Gehen, Laufen, Ziehen, Schieben, Schwingen, Stützen, Federn
usw. zumindest in der Grobform erworben haben. Das ist das, was die
meisten Kinder mitbringen. Auf dieser Grundlage können nun weitere Basisfertigkeiten erlernt werden, z. B. Rollen, Springen, Werfen, Schlagen
und Kicken. Die Lernfähigkeit (Plastizität) für solche Aneignungsprozesse
ist jetzt gut ausgeprägt. Ursachen hierfür sind die Reduktion der kontrala-
teralen Mitbewegungen der Körperextremitäten, das Nachlassen der Hyper-
tonie der Skelettmuskulatur (vgl. Winter & Hartmann, 2007, S. 251–252)
und die Verschiebung des Körperschwerpunktes nach oben (erster Ge-
staltwandel).

Anzumerken ist, dass einfache Bewegungen dieser Art oft auch als *phylo-*
genetische Fertigkeiten bezeichnet werden. Phylogenese heißt übersetzt
„Stammesgeschichte". Die Menschheit als „Stamm" hat sich in ihrer Entwicklung diese Elementarformen angeeignet. Sie gehören überall auf der
Welt im Kindergartenalter zum motorischen Repertoire von normal entwi-
ckelten Heranwachsenden. Eine Besonderheit ist, dass *nur* bei phylogenetischen Fertigkeiten das Erlernen fast gesetzmäßig über verschiedene
Könnensstufen verläuft. Es prägen sich zunächst leichtere Muster aus, die
sich allmählich der Zielbewegung annähern. Die Stufen können im Prinzip
nicht übersprungen werden, allerdings verlagert sich ihr Auftretensalter

durch praktische Erfahrungssammlungen nach vorne. Die Abbildung 5 zeigt exemplarisch die Muster der Herausbildung der Wurfbewegung.

Abb. 5: Die Entwicklung der Wurfbewegung über vier typische Stufen: links oben: Hand zurück, Ellenbogen hoch, Ellenbogen strecken, kein Schritt (Anfängerstadium 1); rechts oben: Ball hinterm Kopf, Ellenbogen hoch, Rumpfbeuge (keine Rotation) (Anfängerstadium 2); links unten: Oberarm und Rumpf bilden rechten Winkel, Unterarm ist weit hinten, geht aber mit Rumpfbewegung vor, keine Verzögerung (Weiterentwickelter Werfer 3); rechts unten: Ausholbewegung, Armbewegung und Schritt entsprechen ausgereifter Form, nicht alle Kinder erreichen dieses Bewegungsmuster (Fortgeschrittener Werfer 4) (vgl. Roberton, 1977)

Im Vorschulalter werden dann alle motorischen Basisfertigkeiten zunehmend optimiert. Optimierung ist ein Sammelbegriff für mehrere Lernfortschritte. Die Ausführungen werden sicherer (Stabilisierung), können besser den jeweiligen Situationen angepasst werden (Variabilität) und benötigen weniger Anstrengung und Aufmerksamkeit (Automatisierung). Zudem differenzieren sich bei den Fünf- bis Sechsjährigen die „fundamental movement skills" aus (Laufen → Sprintlauf, Dauerlauf: Werfen → Weitwurf, Zielwurf usw.) und die Kinder sind in der Lage, die Fertigkeiten flüssiger miteinander zu kombinieren (vgl. z. B. Keller & Meyer, 1982).

Im Zielbereich A der Mini-Ballschule werden sieben motorische Basisfertigkeiten erlernt und optimiert. Die Verfügbarkeit dieser Elementarformen stellt – auch über den Bereich der Spiele hinaus – eine Mindestanforderung für die erfolgreiche Teilnahme an einer Vielzahl körperlich-sportlicher Aktivitäten dar. Erst auf ihrer Grundlage wird eine Schulung der technisch-taktischen Basisfertigkeiten B und der koordinativen Basisfähigkeiten C überhaupt möglich.

Die Schwerpunktlegung auf die in Tabelle 1 genannten Elementarformen begründet sich nach den Leitlinien der Mini-Ballschule quasi wie von selbst. Sie folgt dem, was Kinder lernen können (Entwicklungsgemäßheit) und der zentralen Orientierung am Spielen mit Bällen. Zwei der Basisfertigkeiten dienen der Ballaufnahme (FANGEN, STOPPEN), zwei der Ballführung (PRELLEN, DRIBBELN) und drei der Ballabgabe (WERFEN, KICKEN, SCHLAGEN).

Tab. 1: Das A der Mini-Ballschule: die sieben motorischen Basisfertigkeiten

---

FANGEN:
  Aufgabenstellungen, bei denen es darauf ankommt, mit den Händen einen heranfliegenden Ball aufzunehmen und unter Kontrolle zu bringen

STOPPEN:
  Aufgabenstellungen, bei denen es darauf ankommt, mit dem Fuß oder einem Schläger einen heran fliegenden oder rollenden Ball anzuhalten und unter Kontrolle zu bringen

PRELLEN:
  Aufgabenstellungen, bei denen es darauf ankommt, einen Ball im Stand oder im Laufen mit einer Hand fortlaufend auf den Boden zu tippen

DRIBBELN:
  Aufgabenstellungen, bei denen es darauf ankommt, einen Ball mit dem Fuß oder an einem Schläger (Dribbeln) auf dem Boden zu „führen"

WERFEN:
  Aufgabenstellungen, bei denen es darauf ankommt, mit den Händen einen Ball zu einem Partner zu passen oder mit einem Ball ein Ziel zu treffen

KICKEN:
  Aufgabenstellungen, bei denen es darauf ankommt, mit den Füßen einen Ball zu einem Partner zu passen oder mit einem Ball ein Ziel zu treffen

SCHLAGEN:
  Aufgabenstellungen, bei denen es darauf ankommt, mit einem Schläger einen Ball/Luftballon zu einem Partner zu passen oder mit einem Ball ein Ziel zu treffen

Zielbereich B: Technisch-taktische Basisfertigkeiten

Die Kinder sind im Laufe des Vorschulalters auch bereit, die ersten Basisfertigkeiten aus den Sportspielen zu erlernen. Sie bauen auf dem phylogenetischen Repertoire auf und werden nicht mehr von allen Heranwachsenden erworben. Burton und Miller (1998, S. 59) sprechen von *ontogenetischen* Fertigkeiten, die individuell erworben werden müssen.

In der Mini-Ballschule und der Ballschule gibt es allerdings ein motorisches und taktisches Tabu. Im Alter zwischen drei und sieben Jahren werden ausdrücklich noch *keine* der bekannten Spieltechniken, wie Schlagwurf, Korbleger, Spannstoß oder Vorhandschläge geschult. Und es geht auch *nicht* um taktisches Können oder Wissen für spezielle Sportspiele. Das wäre nicht entwicklungsgerecht und in diesem Altersbereich wenig Erfolg versprechend.

Die Ballschul-Idee ist eine andere. Sie kann mit einem Bild von Wittgenstein (1960) veranschaulicht werden. Nach ihm sind die Sportspiele so etwas wie Mitglieder einer Familie. Sie zeigen jeweils Besonderheiten und Eigenheiten, aber es gibt auch *Ähnlichkeiten* bzw. *Verwandtschaftsmerkmale.* Anders ausgedrückt: es lassen sich eine Reihe von technischen und taktischen Aufgabenstellungen benennen, die in mehr oder weniger allen Spielen vorkommen. Welche das sind, haben viele Experten für die Ballschule herausgefunden (vgl. Haverkamp & Roth, 2006). Für ihre Mini-Variante erscheinen sechs der allgemeinen Basisfertigkeiten dem Könnensniveau und der Lernfähigkeit der Kinder angemessen. Sie sind in Tabelle 2 zusammengefasst.

Tab. 2: Das B der Mini-Ballschule: die sechs technisch-taktischen Basisfertigkeiten

---

FLUGBAHN DES BALLES ERKENNEN:
Aufgabenstellungen, bei denen es darauf ankommt, die Richtung und die Geschwindigkeit eines heran fliegenden Balles einzuschätzen

LAUFWEG ZUM BALL BESTIMMEN:
Aufgabenstellungen, bei denen es darauf ankommt, die Richtung und Geschwindigkeit des Laufwegs zum Ball einzuschätzen

SPIELPUNKT DES BALLES BESTIMMEN:
Aufgabenstellungen, bei denen es darauf ankommt, die Stellung zum Ball sowie den Treffpunkt des Balles einzuschätzen

ANBIETEN UND ORIENTIEREN:
Aufgabenstellungen, bei denen es darauf ankommt, Freiräume zu nutzen, um für einen Mitspieler Platz zu schaffen oder anspielbereit zu sein

BALLBESITZ KOOPERATIV SICHERN:

Aufgabenstellungen, bei denen es darauf ankommt, mit Mitspielern zusammenzuspielen, um den Ballbesitz zu behaupten oder sich dem Ziel (Tor) anzunähern

LÜCKE ERKENNEN:

Aufgabenstellungen, bei denen es darauf ankommt, Freiräume zu nutzen, die die Chance eines „Durchlaufens", Abspiels oder direkten Treffens eines Ziels (Tores) eröffnen

Im Bereich der *Spieltechniken* werden drei „motorische Puzzleteile" erworben (Hossner, 1995), die in Tabelle 2 nach ihrer Reihung im Ablauf von Spielhandlungen geordnet sind. Der Ausgangspunkt vieler Aktionen ist im Erkennen der FLUGBAHN DES BALLES zu sehen. Es folgen die Festlegungen des LAUFWEGES und der Stellung zum Ball sowie seines SPIELPUNKTES. Diese Anforderungen sind (später) in nahezu allen bekannten Sportspielen von Bedeutung.

Die *taktischen Basiskompetenzen* beginnen mit dem ANBIETEN UND ORIENTIEREN als Voraussetzung für den Ballerhalt. Die nachfolgenden Aufgabenstellungen sind oft auf eine Ballsicherung durch ZUSAMMENSPIEL oder auf das NUTZEN VON FREIEN HANDLUNGSRÄUMEN zum „Durchbruch" oder zum Tor-/Punkterfolg gerichtet.

Zielbereich C: Koordinative Basisfähigkeiten

Die allgemeinen motorischen Fähigkeiten werden in drei Gruppen eingeteilt: die konditionellen, koordinativen und gemischt konditionell-koordinativen Basiskompetenzen. Die Kondition sichert vor allem die Energiebereitstellung bei Bewegungstätigkeiten. Angesprochen sind damit die Ausdauer- und Kraftfähigkeiten. Demgegenüber beziehen sich die koordinativen Fähigkeiten auf die Steuerung und Regelung von Bewegungen. Sie werden oft mit dem Begriff „motorische Intelligenz" in Verbindung gebracht. Wer ein gutes allgemeines Koordinationsvermögen besitzt, dem soll bewegungsmäßig alles leicht fallen, so wie im kognitiven Bereich Menschen mit überdurchschnittlichem Intelligenzquotient generell lern- und leistungsfähiger sind. In die Gruppe der gemischt konditionell-koordinativen Fähigkeiten ordnen sich die Schnelligkeit und die Beweglichkeit ein.

Im Kleinkind- und Vorschulalter ist die Entwicklung der *koordinativen Fähigkeiten* mit Abstand am weitesten fortgeschritten. Begründet wird das mit der frühen Reifung des zentralen Nervensystems, die den anderen körperlichen Wachstumsprozessen zeitlich voraus läuft. Am Ende der Grundschulzeit verfügen die Kinder bereits über mehr als 80% ihres Endleistungsniveaus.

Hinzu kommt, dass die koordinativen Basisfähigkeiten in diesem Altersabschnitt außerordentlich gut durch Training verbessert werden können (hohe Plastizität). Zielgerichtete Bewegungsprogramme bewirken bei Kindern fast eine Verdoppelung des normalen Leistungszuwachses. Die Mini-Ballschule konzentriert sich daher im Bereich der Fähigkeiten auf die koordinativen Basiskompetenzen und schafft einen *Vorsprung fürs Leben*.

Die sechs konkreten Zielstellungen der Säule C orientieren sich an der aktuellen bewegungswissenschaftlichen Literatur (vgl. Neumaier & Mechling, 1995; modifiziert nach Roth, 1998). Sie korrespondieren mit den klassischen Kriterien für Koordinationsleistungen: Schnelligkeit, Präzision, Komplexität/Organisation und Variabilität (vgl. Tabelle 3).

Tab. 3: Das C der Mini-Ballschule: die fünf koordinativen Basisfähigkeiten

---

ZEITDRUCK:
Koordinative Aufgabenstellungen, bei denen es auf Zeitminimierung bzw. Geschwindigkeitsmaximierung ankommt

PRÄZISIONSDRUCK:
Koordinative Aufgabenstellungen, bei denen es auf höchstmögliche Genauigkeit ankommt

KOMPLEXITÄTSDRUCK – ZEIT UND/ODER PRÄZISION:
Koordinative Aufgabenstellungen, bei denen es auf eine Bewältigung vieler hintereinander geschalteter (sukzessiver) Anforderungen ankommt

ORGANISATIONSDRUCK – ZEIT UND/ODER PRÄZISION:
Koordinative Aufgabenstellungen, bei denen es auf eine Bewältigung vieler gleichzeitiger (simultaner) Anforderungen ankommt

VARIABILITÄTSDRUCK – ZEIT UND/ODER PRÄZISION:
Koordinative Aufgabenstellungen, bei denen es auf die Bewältigung von Anforderungen unter wechselnden Umgebungs- bzw. Situationsbedingungen ankommt

---

Das ABC der Mini-Ballschule ist nun komplett. In Tabelle 4 sind die „7 x 6 x 5-Basiskompetenzen" im Überblick dargestellt.

Tab. 4: Das ABC der Mini-Ballschule

Motorische Basisfertigkeiten (A)	Technisch-taktische Basisfertigkeiten (B)	Koordinative Basisfähigkeiten (C)
FANGEN	FLUGBAHN DES BALLES ERKENNEN	ZEITDRUCK
STOPPEN	LAUFWEG ZUM BALL BESTIMMEN	PRÄZISIONSDRUCK
PRELLEN	SPIELPUNKT DES BALLES BESTIMMEN	KOMPLEXITÄTSDRUCK – ZEIT UND/ODER PRÄZISION
DRIBBELN	ANBIETEN UND ORIENTIEREN	ORGANISATIONSDRUCK – ZEIT UND/ODER PRÄZISION
WERFEN	BALLBESITZ KOOPERATIV SICHERN	VARIABILITÄTSDRUCK – ZEIT UND/ODER PRÄZISION
KICKEN	LÜCKE ERKENNEN	
SCHLAGEN		

Die Teilnahme an der Mini-Ballschule fordert Klein- und Vorschulkinder noch auf weiteren Ebenen heraus. Das passiert sozusagen von selbst, kann aber von den Erzieherinnen und Übungsleitern auch aktiv-verstärkend genutzt werden. So beinhalten die Spiel- und Übungsstunden hervorragende *Sprachanlässe*. Durch Spiele zum genauen Hinhören wird den Kindern beiläufig die Fähigkeit vermittelt, ähnlich klingende Laute zu unterscheiden. Über Beschreibungen erwerben sie die Bezeichnungen für Körperteile („Reise durch den Körper"), in offenen Aufgaben, wie „Gangarten imitieren", lernen sie Tiernamen oder Namen für Fortbewegungsarten kennen usw. „Was es heißt, einen Hügel hinauf- oder herunterzulaufen, erfährt das Kind zunächst nur über seine Bewegung oder über die Beobachtung der Bewegung eines anderen" … „Das Kind spielt mit einem Ball, lässt ihn auf den Boden prellen. ‚Ball springt' sagt es, aber nicht *bevor,* sondern nachdem es sich mit ihm beschäftigt hat" (Zimmer, 2010, S.14 und 25). Insgesamt kann die Chance genutzt werden, dass bei Kindern im spielerischen Tun im Allgemeinen weniger Sprachhemmungen auftreten als in anderen Alltagskontexten.

Im *mathematisch-naturwissenschaftlichen* Bereich bietet die Mini-Ballschule ebenfalls vielfältige Lerngelegenheiten. Das mathematische Denken in Zahlen, Mengen und geometrischen Figuren (Zahlworte, Ziffern, Würfelbilder usw.) wird z. B. durch Vorgaben zu Spiel- und Übungsformen (Bildet einen Kreis!; Jede Gruppe nimmt sich vier Bälle! usw.) oder durch die Beschreibung von „Ergebnissen" (Wie viele Punkte hast du erreicht? Wer hat die meisten Treffer erzielt? usw.) herausgebildet. Die Kinder können zudem grundlegende naturwissenschaftliche Phänomene ausprobieren (z. B. Wie rollen Bälle? Wie prellen Bälle?) und erste Experimente durchführen (z. B. Wann muss ich loslaufen um einen rollenden Ball zu erreichen? Wie wirkt sich die Länge von Ausholbewegungen auf die Sprunghöhe, die Wurfweite oder die Schlagweite aus?).

Schließlich beeinflusst die Teilnahme an Bewegung, Spiel und Sport die *sozial-emotionale Entwicklung*. Die Mini-Ballschule verlangt den Kindern Kompetenzen ab, die sich in diesem Alter erst entwickeln. Die soziale Integration in die Gruppe setzt bei Einzel- und besonders bei Partnerspielen Fähigkeiten, wie die Abstimmung mit und die Beachtung der Perspektive Anderer, voraus. Das stellt gerade für Kleinkinder eine große Herausforderung dar, denn sie befinden sich in diesem Alter noch in einem Stadium, in dem das Parallelspiel erst nach und nach in gemeinsames Spielen übergeht. Die Kinder sollen eine positive Grundeinstellung zum Leben erfahren, die davon geprägt ist, dass jeder Mensch Toleranz, Achtung und Wertschätzung verdient.

Kinder können also in der Mini-Ballschule *ganzheitlich* in ihrer Persönlichkeitsentwicklung gefördert werden. Mehr zu diesem Thema findet sich im Lehrplan des so genannten *MOTORIK ABC* von Roth, Bohn, Casara und Kröger (2011).

Inhalte der Mini-Ballschule

Spiele der Mini-Ballschule

„Ein Kind lernt beim Spielen. Es spielt jedoch nie, um zu lernen, sondern weil es Freude an seiner Tätigkeit empfindet" (Zimmer, 2004, S. 89).

Kinder fassen die Natur spielerisch an! Jedes Kind „muss" spielen. Spielen – so sagt man – ist Kinderrecht.

Derartigen Feststellungen werden kein Pädagoge, kein Entwicklungspsy-
chologe und keine Erzieherin ernsthaft widersprechen. Aus ihnen ergibt
sich eine klare Vorgabe für die Mini-Ballschule. Ihre Inhalte bestehen zum
größten Teil aus Spielformen. Gespielt wird in *drei* Mini-Ballschul-Varian-
ten:

- Freies Spielen
- Impulsgesteuertes Spielen
- Aufgabenbezogenes Spielen

Das *freie Spielen* findet gewöhnlich in *Bewegungslandschaften* statt. Die
vorhandenen Sportgeräte werden so aufgebaut, dass die Kinder gänzlich
ohne Anleitung daran spielen können. Die Lernumgebung sollte anregend
gestaltet sein, damit die Kinder motiviert sind, sich intensiv mit den Bewe-
gungsmaterialien zu beschäftigen. Vorschulkinder können dabei „ihre Be-
wegungsanlässe durchaus schon selbst bauen. Sie nutzen die Bälle und
sonstigen Geräte je nach ihren Fähigkeiten und steigern, zum Teil rasch,
die Schwierigkeitsgrade ihrer Konstruktionen" (Ministerium für Schule, Jugend und Kinder Nordrhein-Westfalen, 2003, S. 14). Besonders in diesen
Phasen der Mini-Ballschulstunden geht es nicht – im Sinne eines
Be-schleunigungsprogramms – darum, das Kind schnell zu einer bestimmten Leistung zu bringen. Seine Kompetenzen werden entwickelt, ohne
dass wir uns einmischen:

> „Lasst mir Zeit …!" Die Aufgabe der Umgebung ist nicht, das Kind zu
> formen, sondern ihm zu erlauben, sich zu offenbaren"
> (Maria Montessori, 1870–1952).

Beim *impulsgesteuerten Spielen* wird die Phantasie der Kinder z. B. durch
Fragen (z. B. Kannst du auch …?; Willst du mal … probieren?) zusätzlich
gefördert. Zum Teil werden allgemeine (unverbindliche) *Rahmenthemen*
wie „Essen bewachen", „Bei der Feuerwehr" oder „Auto fahren" mit ange-
geben (vgl. Kapitel 5). Die Mini-Ballschulspiele lassen sich auch in *Bewe-
gungs- oder Phantasiegeschichten* einbetten, in denen die Kinder bestimmte Rollen übernehmen (vgl. Kapitel 6). Sie sind Piraten, Zauberer oder
Feen, Prinzen oder Königinnen, Katzen oder Hunde usw. Die Geschichten
beginnen mit einer Erzählung der Erzieherin oder des Übungsleiters. Die
Kinder spielen das Abenteuer nach und entwickeln eigene Ideen. Wenn die
Kreativität oder die Konzentration der Heranwachsenden nachlässt, wird
die Erzählung fortgesetzt. Es erfolgt somit ein ständiger Wechsel zwischen
vorgegebenen Episoden und Aktivitäten der Kinder. Hier ist auch der Ein-
fallsreichtum der Erzieherinnen bzw. der Übungsleiter gefragt. Gute Ideen

der Piraten, Prinzen oder Hunde können aufgegriffen und für Veränderungen des Drehbuchs genutzt werden.

Was hat man sich schließlich unter *aufgabenbezogenem Spielen* vorzustellen? Die erste Besonderheit ist offenkundig. Die Kinder erhalten – der Namensgebung entsprechend – präzisere Vorgaben zum Ablauf des Spiels. Es gibt definierte Regeln, die Rollen der Kinder werden beschrieben und auch die Ziele (z. B. möglichst schnell, möglichst genau) werden festgelegt. Daraus ergibt sich das zweite wichtige Merkmal dieser Spiele. Sie sind so entwickelt worden, dass einzelne oder mehrere der 7 x 6 x 5-Basiskompetenzen aus Tabelle 4 immer wieder, in hoher zeitlicher Dichte gefordert und damit auch verbessert werden. Gespielt werden z. B. „Vorsicht heiß!", „Königsball", Raus und Rein" oder „Haltet euren Garten sauber!" (vgl. Kapitel 6 und 7). Die bekannten Sportspiele wie Fußball, Handball, Basketball oder Volleyball sind dagegen in der Mini-Ballschule noch ohne Bedeutung.

Spielen, Freude und Lernen

Warum Spielen die elementare Lernform für Kinder ist, hat nach heutigen Erkenntnissen mit einem Botenstoff in unserem Gehirn zu tun: er heißt *Dopamin*. Welcher Zusammenhang zwischen Dopamin und Spielen bzw. Lernen besteht, bedarf einer Erklärung, die hier nur vereinfacht wiedergegeben werden kann. Ausführlichere Erläuterungen finden sich in Texten von Beck (2013a, b), der den Begriff des Dopaminsports „erfunden" hat.

Dopaminausschüttungen verursachen Glücksgefühle und fördern (motorische) Lernprozesse. Sie werden beobachtet, wenn nach einer Handlung das Ergebnis besser ausfällt als das Kind es erwartet hat. Gute Ausführungen erhöhen also den Dopaminspiegel und werden dementsprechend gelernt; misslungene, die zu keinem Anstieg führen, sinnvoller Weise nicht. So schnappt sich unser Gehirn über Dopamin nur die richtigen Bewegungsmuster – getreu nach dem Motto: „die Guten ins Töpfchen …!" (Beck, 2013a, S. 12-13).

Die Spiele der Mini-Ballschule müssen demzufolge vor allem eins mit sich bringen: *unerwartete Erfolgserlebnisse*. Das clevere Belohnungssystem Dopamin schafft dann Motivation und macht den Kindern Lust auf mehr. Die entscheidende Zauberformel lautet: *Spielen mit erlebten Lernerfolgen → Dopamin → Freude → Motivation zum Weiterlernen!* Und das klappt besonders gut bei Kindern, weil sie mehr Dopaminrezeptoren haben als Erwachsene. Spielen mit Erfolgserlebnissen kann für Kinder zu einem wahren „Baden im Dopamin" werden (Beck, 2013a, b).

Beim aufgabenorientierten Spielen wird ein vergleichbarer Effekt über umfangreiche Variationen der Regeln, der Spielgeräte, der Felder, der Anzahl der Spieler und der motorischen Ausführungsformen erreicht. Das Motto *„Vielseitigkeit ist Trumpf"* steht hier im Zentrum. Mit ihm soll wiederum die Zahl der Neuigkeitserfahrungen und Erfolgserlebnisse vergrößert werden.

Die methodische Ausrichtung der Mini-Ballschule ist damit zu Ende erzählt. In ihr wird ohne Instruktionen und Korrekturen, kreativ und abwechslungsreich gespielt.

Zusammenfassung

- Mit der Mini-Ballschule wird ein Beitrag zu einer bewegten Kindheit geleistet. Körperliche Aktivitäten sind gut für das motorische Leistungsvermögen, die Gesundheit sowie für die kognitive und psychische Entwicklung.

- Die Ziele der Mini-Ballschule konzentrieren sich auf die Verbesserung von motorischen Basisfertigkeiten (A), technisch-taktischen Basisfertigkeiten (B) und koordinativen Basisfähigkeiten (C). Hinzu kommen weitere Lerngelegenheiten, die sich auf sprachliche, mathematisch-naturwissenschaftliche und sozial-emotionale Kompetenzen beziehen.

- Die drei Zielbereiche beinhalten 7 x 6 x 5-Fertigkeiten bzw. Fähigkeiten, sodass in der Mini-Ballschule insgesamt 19 Einzelkompetenzen geschult werden.

- Die *Inhalte* der Mini-Ballschule folgen dem Motto „Spielen lernt man nur durch spielen!" Die Kapitel 5, 6 und 7 enthalten viele Beispiele für freie, impulsgesteuerte und aufgabenbezogene Spielformen. Gefragt ist hierbei immer wieder auch die Phantasie der Heranwachsenden. „Alle Kinder haben eine märchenhafte Kraft, sich in das zu verwandeln, was sie sich wünschen" (Jean Cocteau, 1889–1963; nach Ministerium für Jugend, Kultur und Sport Baden-Württemberg, 2006, S. 73).

- Wichtig für das Lernen sind unerwartete Erfolgserlebnisse sowie die Freude am und die Motivation zum Spielen.

- Gespielt wird kreativ-vielseitig, ohne Instruktionen und Korrekturen. Dabei gilt: „Lasst den Kindern Zeit". „Das Gras wächst nicht schneller, wenn man daran zieht" (Afrikanisches Sprichwort).

- Die Methodik der Mini-Ballschule gründet auf Erkenntnissen zum impliziten Lernen, zum Phänomen Inattentional Blindness sowie zur Wirkung von Erfolgserlebnissen auf Prozesse im Gehirn.

- Konzepte wie die Mini-Ballschule dürfen nicht zu wichtig genommen werden. Letztlich sind die Erzieherinnen und die Übungsleiter entscheidend: „Die Liebe, die Sorgfalt muss das Kind umgeben wie ein angenehmes, gleichmäßiges, warmes Bad. Das Kind soll – auch wenn wir nicht neben ihm sind – ständig fühlen, dass wir es lieben, dass es sich in Sicherheit befindet, dass wir auf es achtgeben, damit ihm nichts Schlimmes zustößt" (Emmi Pikler, 1902–1984).

Kapitel 4
Didaktisch-methodische
Vorbemerkungen

Allgemeine Hinweise

Pädagogische Hinweise
Pädagogische Bausteine
Beispielsituationen

Materialhinweise

Allgemeine Hinweise

Die Ziele, Inhalte und Methoden der Mini-Ballschule sind im Kapitel 3 gekennzeichnet worden. Im Folgenden geht es um Anregungen für die Praxis
in Kindergärten und Vereinen. Das *Kapitel 5* enthält eine Beispielsammlung
für Bewegungslandschaften, also für bewährte Ball- und Geräteparcours.
Im *Kapitel 6* wird gezeigt wie und in welcher Reihung die gleichen Materialien für die drei Spielformen der Mini-Ballschule genutzt werden können.
Viele Stunden können so ablaufen, dass die Kinder zunächst frei spielen
und anschließend Impulse oder konkrete Aufgaben erhalten. Mit dem *Kapitel 7* werden 19 komplette Stundenbilder für den Einsatz in Kindergärten
und Sportvereinen präsentiert. Dieser Teil des Lehrplans darf nicht als ein
„Kochbuch mit Patentrezepten" missverstanden werden. Die endgültige
Zusammenstellung der Unterrichtseinheiten bleibt immer Sache der Erzieherinnen oder Übungsleiter (im Folgenden zusammen mit ÜL abgekürzt).
Ganz im Sinne der Vielfältigkeit von Bildungsprozessen lassen sich die
einzelnen Aufgabenstellungen variabel und in unterschiedlicher Abfolge
darbieten.

Alle ausgewählten Bewegungslandschaften und Spiele wurden über mehrere Jahre an verschiedenen Einrichtungen erprobt. Die durchgeführten
Input-Evaluationen (Qualität, Bekanntheit, Akzeptanz) haben zu hervorragende Ergebnissen geführt, die längsschnittlichen *Output-Evaluationen*
(Wirkungen, Effekte auf die motorische Entwicklung der Kinder) stehen
kurz vor einem (positiven) Abschluss.

Vor allem in Kindergärten muss davon ausgegangen werden, dass oft keine eigenen Sport- oder Turnhallen zur Verfügung stehen. Zumeist sind
Bewegungsräume vorhanden, deren Größe es nicht erlaubt, eine Stunde
mit großen Gruppen durchzuführen. Das ist bei der Auswahl der Bewegungslandschaften und Spiele mit bedacht worden.

Pädagogische Hinweise

Erzieherinnen/Übungsleiter müssen das Konzept der Ballschule verstanden haben und in der Lage sein, situationsabhängig Spiele und Übungen
angemessen einzusetzen. Auf dem Kontinuum zwischen freiem und aufga-
benorientiertem Spiel müssen sie immer wieder neu entscheiden, welche
Angebote für die Gruppe geeignet und sinnvoll sind. Das ist die fachliche
Seite. Darüber hinaus wird sich der ÜL – vor allem in der Arbeit mit Kinder-
gartenkindern – mit vielen Situationen konfrontiert sehen, die mit fachlicher

Ballschul-Kompetenz alleine nicht zu lösen sind. Es ist auch erforderlich, sich mit *pädagogischen Bausteinen* auseinanderzusetzen. Im Folgenden werden sieben solcher Bausteine erläutert, die auf der Grundlage langjähriger Erfahrungen mit Mini-Ballschulgruppen zusammengestellt wurden.

Im Anschluss daran werden elf verschiedene *Beispielsituationen* beschrieben, die genau so oder in ähnlicher Weise in vielen Ballschulstunden aufgetreten sind. Jeder ÜL wird bereits nach kurzer Zeit derartige Situationen erleben. Daher lohnt es sich in jedem Fall, die Fragen im Rahmen von Aus- und Fortbildungen zu bearbeiten und zu diskutieren.

Pädagogische Bausteine

1. Namentliche Begrüßung

Die Kinder verabschieden sich von ihrer Mutter/ihrem Vater vor der Halle oder spätestens in der Eingangstür. Manche Kinder brauchen die Begrüßung durch den ÜL, bevor sie sich von ihren Eltern lösen können. Sie müssen erst den Kontakt zu der neuen Bezugsperson hergestellt haben, bevor sich die eigentliche Bezugsperson zurückziehen darf. Jedes Kind wird deshalb persönlich und namentlich begrüßt, wenn es die Halle betritt. Der ÜL wendet sich dabei dem Kind zu und geht gegebenenfalls in die Hocke (um auf Blickhöhe zu sein). Nach der Kontaktaufnahme geht das Kind in die Halle und darf beginnen zu Spielen (sofern freies Spiel angeboten wird) oder im Sitzkreis Platz nehmen.

2. Aufnahme neuer Kinder

Kleinere Kinder, die neu in die Gruppe aufgenommen werden, dürfen – wenn sie das brauchen und selbst wünschen – in den ersten Stunden bei dem ÜL an der Hand bleiben. Wichtig ist, dass der ÜL das Kind den anderen Kindern vorstellt. Bei kleineren Kindern dürfen die Eltern in den ersten Stunden mit in die Halle kommen. Wie lange dies so sein muss, ist individuell verschieden. Spätestens nach zwei Monaten sollten die Eltern aber die Halle verlassen. Möchte das Kind dann doch noch einmal zu seinen Eltern, darf es hinausgehen und ohne Eltern wieder in die Halle zurückkehren.

3. Anfangs- und Abschlussritual

Anfangs- und Abschlussrituale sind für die Kinder bedeutsam. Das Anfangsritual signalisiert, dass die Stunde jetzt losgeht. Außerdem gibt es der Stunde einen vertrauten Rahmen, der den Kindern hilft, sich zurechtzufinden. Der Sitzkreis bietet sich als Anfangsritual an: gemeinsame Begrüßung, Besprechung spezieller Themen (z. B. Regeln, Stundenmotto) und motivierende, kurze Ansprache des ÜL. Das Abschlussritual sollte genutzt werden, um die Stunde mit den Kindern kurz nach zu besprechen und setzt ein deutliches Signal, dass die Einheit jetzt zu Ende ist.

4. Regeln

Regeln bilden eine Voraussetzung für das Gelingen der Stunde. Sie sind als Hilfe und Unterstützung zu sehen und ermöglichen es den Kindern, sich zu orientieren. Kinder, die nicht wissen, was sie dürfen und was nicht, sind verunsichert. Deshalb darf der ÜL kein „schlechtes Gewissen" haben, wenn er von Beginn an klare Regeln aufstellt und durchsetzt. Die Formulierung von Regeln sollte nicht nur negativ, sondern auch positiv erfolgen:

Positiv:
• Wir helfen uns gegenseitig!
• Wir kommen auf ein vereinbartes Signal des ÜL zusammen!
• Wir hören gut zu, wenn der ÜL etwas erklärt!

Negativ/verboten:
• schlagen, treten, beißen
• stören, wenn zuhören verlangt wird
• Aufbauten absichtlich umwerfen (Hütchen umtreten, Bälle wegwerfen)

Bei Verstößen gegen die Regeln sollen Konsequenzen durchgesetzt werden. Diese müssen vorher mit den Kindern besprochen werden:

• Bei erstmaligen Regelverstoß Ermahnung (beim Kind rückversichern, ob es die Ermahnung wahrgenommen und verstanden hat). Kind daran erinnern, dass es bei erneutem Regelverstoß eine Auszeit bekommt.
• Bei wiederholtem Regelverstoß: Auszeit; das betroffene Kind verbringt 5 Minuten auf der Bank; wenn das Kind z. B. sehr wütend ist oder sich sehr ärgert, kann während der Auszeit auch eine andere Aufgabe vergeben werden (z. B. Kind darf auf einer vorgegebenen Bahn hin und her rennen); Ankündigung, dass bei erneutem Regelverstoß eine längere Auszeit ggf. bis zum Ende der Stunde eintreten wird.
• Bei erneutem Regelverstoß: Auszeit von 15 Minuten.
• Bei schwerem Regelverstoß kann auch eine Auszeit von 15 Minuten vergeben werden.

5. Individuelle Rückmeldungen

Die Gruppe kann insgesamt gelobt werden, gerade wenn Spiele gut geklappt haben oder eine besondere Rücksichtnahme beobachtet wurde.

Den Kindern sollten aber auch individuelle Rückmeldungen gegeben werden. Sie zeigen dem Kind, dass der ÜL seine Aufmerksamkeit manchmal nur ihm widmet. Die Rückmeldung muss direkt und zeitnah zur motorischen Handlung erfolgen. Der ÜL sollte dabei möglichst allen gerecht werden, d. h. alle Kinder ungefähr gleich häufig ansprechen.

Wenn ein Kind eine Aufgabe besonders gut oder kreativ gelöst hat, kann man das positiv herausstellen, indem man das Kind die Bewegung demonstrieren lässt.

6. Klärung von Konflikten

Konflikte und Streit zwischen Kindern müssen wahr- und ernstgenommen werden. Auseinandersetzungen gehören zur normalen Entwicklung und treten daher zwangsläufig auf. Dass Konflikte ganz normal sind, darf keinesfalls zu einem Ignorieren oder Herunterspielen der Probleme führen. Der Umgang mit ihnen ist wichtig für das Kind und muss vorbildlich sein. Dazu gehört, dass Konflikte, die innerhalb der Ballschulstunden entstehen, „aktiv" und innerhalb der Einheiten geklärt werden:

- Jedes Kind darf zunächst seine Sichtweise schildern; wenn möglich, Verständnis bei dem jeweils anderen Kind erzeugen; als Regel definieren, dass jedes Kind aussprechen darf, ohne von dem anderen unterbrochen zu werden; der ÜL wiederholt die Sichtweisen der Kinder, um sie den Kindern zu spiegeln und um sicherzugehen, dass er die Kinder richtig verstanden hat.
- Lösungen gemeinsam mit den Kindern finden; bevor der ÜL eine Lösung vorschlägt oder die Situation beurteilt, sollte er die Kinder fragen, ob sie selbst einen Lösungsvorschlag für das Problem haben. Selbst gefundene Lösungen werden meist schneller akzeptiert und umgesetzt.
- Wenn ein klarer Regelverstoß vorliegt (z. B. Treten, Beißen), sollte der ÜL fehlerhaftes/unerwünschtes Verhalten klar definieren und Konsequenzen einsetzen

7. Erklärungen, Körpersprache und Zeichen des Übungsleiters

Der ÜL muss besonders darauf achten, die Spiele und Übungen in einfacher Sprache, kurz, klar und deutlich zu erklären. Vor allem bei Kindergarten- aber auch bei Grundschulkindern sollten die Begriffe „rechts" und „links" immer mit Punkten im Raum verbunden werden. Viele Kinder achten mehr als Erwachsene auf Körpersignale und den Gesichtsausdruck. Ein „nein" sollte z. B. mit einem entschlossenen Auftreten einhergehen.

Die Räumlichkeiten einer Sporthalle stellen für die Stimme des ÜL eine besondere Herausforderung dar. Er sollte zusätzlich optische und/oder akustische Zeichen einsetzen. Beispiele sind:

- Arm heben bedeutet: alle Kinder kommen zusammen
- Triangel schlagen signalisiert: alle Kinder kommen zum Sitzkreis
- Gelbe Karte zeigt eine Verwarnung an, rote Karte eine Auszeit
- Arme überkreuzen bedeutet: Bälle in den Korb legen und zuhören

Beispielsituationen

1) Ein Kind kommt seit sechs Wochen zur Ballschule. Die Mutter ist seit Beginn in der Sporthalle dabei. Das Kind betritt mit der Mutter die Halle, „ignoriert" den ÜL und flitzt zu den anderen Kindern, um sich am freien Spiel zu beteiligen. Wie verhalten Sie sich?

2) Sie haben einen Aufbau mit vielen Hütchen und Kegeln vorbereitet. Ein Kind läuft schnell darauf zu und wirft alles um. Wie reagieren Sie?

3) Sie möchten alle Kinder zusammenrufen, um ein neues Spiel zu erklären. Dazu verwenden Sie ein vereinbartes akustisches oder optisches Zeichen. Zwei Kinder kommen nicht und spielen einfach mit ihren Bällen weiter. Was tun Sie?

4) Ein Kind testet seine Grenzen, indem es immer wieder die Nähe des ÜL sucht, ihn dann aber zwickt oder haut. Sie haben dem Kind bereits gesagt, dass Sie das nicht möchten. Das Kind beginnt aber nach 10 Minuten wieder damit. Wie verhalten Sie sich?

5) Ein Kind hat ein besonders schlimmes Schimpfwort mitgebracht und sagt es während der Stunde zu anderen Kindern. Wie reagieren Sie?

6) Sie erklären ein neues Spiel. Ein Kind sagt: „Das finde ich blöd, da mache ich nicht mit." Wie reagieren Sie darauf?

7) Sie holen gerade verschiedene kleine Bälle. Zwei Kinder klauen sich einige davon und laufen weg. Was machen Sie?

8) Ein Kind ärgert ein anderes Kind beiläufig (nichts sehr auffälliges, aber immer wieder). Nach einiger Zeit schlägt das Kind, das geärgert wurde, das andere Kind. Dieses beginnt zu weinen und ist empört. Es möchte sofort zu seiner Mutter. Wie verhalten Sie sich?

9) Während des Sitzkreises setzt sich ein Kind auf ihren Schoß. Das beobachtet ein zweites Kind und drängt sich ebenfalls auf ihren Schoß, gleichzeitig springt ein drittes auf und versucht, sich dazwischen zu quetschen. Alle drei quengeln untereinander „hey, weg da". Was tun Sie?

10) Ein Kind schafft es nicht, eine vorgegebene Aufgabe zu lösen und ist darüber sehr verärgert. Es hat keine Lust mehr und möchte nach Hause gehen. Wie verhalten Sie sich?

11) Sie haben als Zeichen vereinbart, dass alle Kinder zusammenkommen, wenn Sie die Hand heben. Anfangs klappt das gut, dann lässt die „Wirkung" nach. Sie heben die Hand, einige Kinder schauen, andere beachten das gar nicht. Daraufhin ignorieren auch die Kinder, die zunächst geschaut haben, das Zeichen. Was tun Sie?

Materialhinweise

Kaum ein Spielmaterial fasziniert Kinder jeden Alters so wie Bälle. Die vergleichsweise günstigen Anschaffungspreise und die unzähligen Möglichkeiten ihres Einsatzes lassen sie zu einem unverzichtbaren Bestandteil jeder Kindergarteneinrichtung und jedes Vereins werden.

Für die Umsetzung des Mini-Ballschul-Konzepts ist es wichtig, dass auf ein umfangreiches Ballrepertoire zurückgegriffen werden kann. Wenn die Bewegungsräume mit normalen Fenstern ausgestattet sind, sollten vorwiegend Soft-, Elefantenhaut- und Schaumstoffbälle oder Luftballons zum Einsatz kommen. Folgende Kleingeräte sind als Grundausstattung für eine Gruppe von etwa zehn Klein- und Vorschulkindern zu empfehlen:

- Elefantenhautbälle (3x)
- Regenbogenbälle (3x)
- Softplastikbälle in verschiedenen Ausführungen (10x)
- Luftmatze oder Nylonhüllen (2x)
- Mannschaftbänder in zwei verschiedenen Farben (je 5x)
- Wasserbälle (3x)
- Softtennisbälle (5x)
- Tennisbälle (10x)
- Schaumstoffwürfel mit Zahlen (1x)
- Sechsfarbenwürfel (1x)
- PVC-Tennisringe (2x)
- Tücher (10x)
- Hockeyschläger (5x)
- Aquasticks (5x)
- Pezziball (1x)
- Mega-Beachvolleyball (1x)
- Seile (5x)

- Sandsäckchen (5x)
- Hütchen (10x)
- Gymnastikreifen (10x)
- Luftballons
- Teppichfliesen (10x)
- Ballnetz (1x)

Die aufgelisteten Materialien können durch gewöhnliche *Alltagsgegen-stände* ersetzt werden, die zu außergewöhnlichen Sportgeräten werden. Als Bälle lassen sich teilweise Sandsäckchen, Tücher oder Tennisringe, als Hockeyschläger Aquasticks, große Papierrollen, Schuhe, große PET-Flaschen oder Gymnastikstäbe verwenden. Außerdem haben sich Bier-deckel, Joghurtbecher, Wäscheklammern oder Kartons für den Einsatz in Mini-Ballschul-Stunden bewährt. Beachtet werden sollte, dass sich durch den Einsatz solcher Materialien der Schwierigkeitsgrad der Spiels verän-dern kann.

Kapitel 5

Bewegungslandschaften

Allgemeine Hinweise

Materialhinweise

Organisationsformen

Freies Spielen

Station 1 bis
Station 20

Impulsgesteuertes Spielen

Stationen mit
Würfelspielen

Stationen mit
Memoryspielen

Spielen mit Rahmenthemen

Allgemeine Hinweise

„Spielende Kinder sind lebendig gewordene Freuden!"
(Friedrich Hebbel)

Die Bewegungslandschaften sollten – wenn möglich – schon vor Beginn
der Stunde aufgebaut werden. Zum Aufwärmen eignet sich ein Spiel, das
um die Parcours herum durchgeführt werden kann. Bewegungslandschaften sind nicht nur Spielplätze für Kinder. Sie stellen eine sinnvolle Auswahl
von Sportgeräten dar, mit denen zielgerichtete Reize für eine motorische
Frühförderung gesetzt werden. Bei ihrer Zusammenstellung kommt es darauf an, Aufbauten zu wählen, die das Spielen ohne Hilfestellungen von Erwachsenen ermöglichen. Die Kinder sollten alles ausprobieren dürfen, was
sie sich selber zutrauen. Die ÜL müssen daher – insbesondere bei Bewe-
gungsbaustellen mit Kästen, Rutschen und Bänken – vorab gut einschät-
zen, in welchen Höhen die Kinder sich sicher bewegen und trotzdem kleine
Herausforderungen meistern können. Wenn sie z. B. hochklettern, müssen
sie in der Lage sein, auch alleine wieder herunterzuklettern.

In diesem Kapitel werden Landschaften vorgestellt, die aus einer begrenz-
ten Zahl von Standard-Sportgeräten bestehen. In ihnen kann grundsätzlich
immer *frei* gespielt werden – entweder im gesamten Parcours oder möglichst vielseitig und kreativ an einzelnen Stationen. Die Bewegungslandschaften können auch mit anregenden *Impulsen* verknüpft werden. Bei-
spielhaft vorgestellt werden *Würfel-/Memoryspiele* und die Vorgabe von
Rahmenthemen. Mit ihnen erhalten die verschiedenen Stationen so etwas
wie ein gemeinsames Motto, das zu neuen Lösungen und motorischen
Handlungen anregt.

Materialhinweise

Die in diesem Kapitel vorgestellten Landschaften basieren auf Kombinatio-
nen bzw. Arrangements von sieben – zumeist verfügbaren – *Sportgeräten*:

* Große Kästen
* Turnbank
* Kleine Kästen
* Weichbodenmatte
* Sprossenwand
* Turnmatten
* Mini-Trampolin

Die nachfolgenden Abbildungen zeigen exemplarisch Bewegungsparcours, die sich für Kinder im Kleinkind- und Vorschulalter als geeignet und entwicklungsgerecht erwiesen haben.

Bewegungslandschaft: Beispiel 1

Bewegungslandschaft: Beispiel 2

Bewegungslandschaft: Beispiel 3

Organisationsformen

Freies Spielen

Die Kinder bewegen sich in der Bewegungslandschaft frei. Eine Reizüber-flutung ist dabei zu vermeiden. Sie verleitet die Kinder dazu, rastlos von einer Station zur nächsten zu laufen, um nichts zu verpassen. Daher ist es ratsam, die Landschaften über mehrere Stunden hinweg *gleich aufzubauen* oder immer nur kleine Veränderungen vorzunehmen. Vor allem benötigen die Kinder immer ausreichend Zeit zum Spielen, auch wenn sich Pausen ergeben, in denen sie nicht sofort eigene Ideen entfalten.

Im Rahmen dieser Organisationsform sollten keine Ziele vorgegeben wer-den: „Ein wirklich freies Spielen hat die Besonderheit, dass es vollkommen zweckfrei […] ist. Es kommt ganz aus dem Kind selbst und entspricht im-mer genau seinem eigenen Könnensstand. Das Kind kann nur so spielen, wie es ist und verwirklicht sich selbst in einem Maße wie sonst nie im Le-ben. […]. Das freie Spiel ist eine Kostbarkeit und die Erwachsenen sollten sich mit ihrem Verstandesdenken tunlichst nicht einmischen" (Prof. Rainer Patzlaff, Interview 2011).

Spielen an Stationen

Station 1 bis Station 20

Beim „Stationsbetrieb" spielen die Kinder über einen gewissen Zeitraum nicht an allen Geräten, sondern an einem „Landschaftsmodul". Damit ist ein abgrenzbarer Bestandteil des Gesamtparcours gemeint, der mehr oder weniger eigenständigen Charakter tragen kann. Zumeist wechseln die Kin-der nach einem Zeichen des ÜL, einer vorgegebenen Zeit oder einer be-stimmten Zahl an Spielwiederholungen zu einer anderen Station.

Station 1: (Grüger, 2012) (vgl. Rahmenthema: „Im Gebirge")

Material: Zwei Turnbänke, ein Großer Kasten, ein Kleiner Kasten, vier Turnmatten, Tücher, verschiedene Bälle

Aufbau: Die beiden Turnbänke werden auf den Großen Kasten aufgelegt. Dazu wird der Kastendeckel abgenommen und die Bank mit dem Holzhaken nach oben zeigend in den Kastenzwischenraum gelegt. Der Kastendeckel wird wieder aufgesetzt und die andere Bank wird mit dem Holzhaken oben auf den Kastendeckel aufgelegt. Hinter dem großen Kasten steht ein Kleiner Kasten. Die Bänke und die Kästen werden mit Turnmatten gesichert.

Freies Spiel – Erfahrungswerte:
- Kinder rollen Bälle die Bank herunter, ohne dass diese herunterfallen
- Kinder balancieren oder ziehen sich die Bänke hoch und klettern über den Kleinen Kasten auf der anderen Seite wieder hinunter
- Kinder klettern über den kleinen Kasten auf den Großen Kasten und rutschen bäuchlings, rücklings oder auf dem Po die Bank hinunter
- Kinder „verpacken" einen Ball in ein Tuch und transportieren das Paket über die Bank auf den Kasten

Station 2: (vgl. Rahmenthema: „Bei der Feuerwehr")

Material: Zwei Turnbänke, Sprossenwand, ein Kleiner Kasten, Hütchen, verschiedene Bälle

Aufbau: Mit den Turnbänken und unterschiedlich hohen Auflagepunkten (Sprossenwand, Kästen) werden „Schiefe Ebenen" konstruiert.

Freies Spiel – Erfahrungswerte:

*   Kinder rollen einen Ball mit einer Hand oder mit beiden Händen die schiefe Ebene hinauf. Sie halten den Ball kurz fest und lassen ihn anschließend die „Schiefe Ebene" so hinunterrollen, dass der Ball möglichst lange auf der Bank bleibt

- Kinder äußern Vermutungen, z. B. über die Entfernung bei unterschiedlichen Bällen: „Wie weit rollt mein Ball?"
- Im Raum platzieren die Kinder kleine Ziele (Bälle, Hütchen usw.), die mit den Bällen umgerollt werden sollen
- Am Ende der Bank stellen sich ein Kind oder mehrere Kinder hintereinander und grätschen die Beine. Das Kind, das den Ball von der Bank rollt versucht, den Ball durch den „Beintunnel" rollen zu lassen. Wenn nur ein Kind den Tunnel bildet, kann dieses sich durch springen so positionieren, dass der Ball durch seine Beine rollt, auch wenn er zwischendurch von der Bank rollt
- Mit verschlossenen Augen den Ball hinauf rollen und loslassen

Station 3: (vgl. Rahmenthemen: „Im Gebirge" & „Bei der Feuerwehr")

Material: Drei bis fünf Turnmatten, verschiedene Bälle

Aufbau: Die Turnmatten in den Raum legen. Die Abstände so wählen, dass die Kinder von einer Matte zur anderen springen können.

Freies Spiel – Erfahrungswerte:

- Kinder laufen über oder um die Matten
- Kinder springen von einer Matte zur anderen
- Verschiedene Sprungarten mit und ohne Partner ausprobieren
- Kinder schlagen Purzelbäume oder probieren andere „Kunsttücke" auf den Matten
- Kinder rollen einen Ball zwischen den Matten durch, ohne die Matten zu berühren
- Kinder werfen sich Bälle von verschiedenen Matten aus zu

Station 4: (vgl. Rahmenthema: „Bei der Feuerwehr")

Material: Ein Minitrampolin, eine Weichbodenmatte, ein Kleiner Kasten, eine Turnmatte, Tücher, Luftballons

Aufbau: Vor dem Minitrampolin liegt die Weichbodenmatte, dahinter die Turnmatte. Am anderen Ende der Weichbodenmatte steht der Kleine Kasten, damit die Weichbodenmatte nicht wegrutscht.

Freies Spiel – Erfahrungswerte

- Kinder springen auf das Minitrampolin und landen auf der Weichbodenmatte
- Kinder springen möglichst hoch/weit
- Kinder laufen mit einem Luftballon oder einem Tuch an, werfen ihn/es beim Springen hoch und versuchen, ihn/es im Sprung auf die Matte wieder zu fangen

Station 5

Material: Ein Minitrampolin, eine Weichbodenmatte, ein Kleiner Kasten, eine Turnbank, verschiedene Bälle

Aufbau: Das Trampolin zwischen Kasten und Weichbodenmatte stellen.

Freies Spiel – Erfahrungswerte:

- Kinder balancieren über die Bank, springen mehrmals auf das Trampolin und landen z. B. mit einer halben Drehung auf der Matte
- Kinder balancieren auf der Bank und prellen einen Ball auf den Boden
- Kinder prellen einen Ball auf dem Trampolin
- Kinder rollen einen Ball auf der Bank
- Kinder werfen einen Ball vom Kleinen Kasten auf das Trampolin, springen auf die Matte und fangen den Ball so schnell es geht

Station 6: (Krug & Asmus, 2012) **(vgl. Rahmenthema: „Auto fahren")**

Material: Ein Deckel und ein Kastenteil von einem Großen Kasten, sechs Medizinbälle, zwei Turnmatten, verschiedene Bälle

Aufbau: Der Deckel und das Kastenteil (Zapfen nach unten) werden auf jeweils eine Matte gelegt. Unter dem Deckel liegen sechs Medizinbälle, die etwas größer sind als das Kastenteil, sodass der Kasten leicht wackelt. In das Kastenteil werden viele verschiedene Bällen gefüllt.

Freies Spiel – Erfahrungswerte:
* Kinder laufen über den Deckel und durch die Kastenteile
* Kinder laufen mit Handhalten blind über den Deckel und durch die Kastenteile. Danach sollen sie beschreiben, wie es sich angefühlt hat
* Kinder krabbeln über den Deckel und durch die Kastenteile
* Kinder laufen rückwärts über den Deckel und durch die Kastenteile

Station 7: (vgl. Rahmenthema: „Auto fahren")

Material: Acht bis neun Medizinbälle, eine Weichbodenmatte, verschiedene Bälle

Aufbau: Die Medizinbälle werden gleichmäßig unter der Weichbodenmatte verteilt. Danach überqueren die Kinder die Matte.

Freies Spiel – Erfahrungswerte:

* Kinder überqueren die Matte mit unterschiedlichen Bewegungsformen, wie Krabbeln, Hüpfen, Gehen
* Kinder stehen auf der Matte und haben Bälle in der Hand.
  Auf Signal des ÜL halten die Kinder ihren Ball über dem Kopf, in der Hand, mit ausgestreckten Armen usw.
* Kinder werfen auf der Matte verschiedene Bälle hoch und fangen sie wieder auf
* Ein bis drei Kinder (je nach Größe der Matte) versuchen auf der Matte zu knien oder zu stehen, während die anderen Kinder und der ÜL um die Weichbodenmatte herumsitzen und sie zum Wackeln bringen
* Kinder machen Purzelbäume auf der Matte

Station 8: (vgl. Rahmenthemen: „Im Gebirge" & „Bei der Feuerwehr")

Material: Ein Großer Kasten, eine Weichbodenmatte, eine Turnmatte oder ein Kleiner Kasten, Tücher oder Luftballons

Aufbau: Hinter dem Großen Kasten liegt eine Weichbodenmatte, die am Ende von einer Wand (mit davor gestellter Turnmatte) oder mit einem Kleinen Kasten gegen das Wegrutschen gesichert ist. Vor den Großen Kasten eine Turnmatte legen.

Freies Spiel – Erfahrungswerte:
* Kinder klettern über die Seite auf den Großen Kasten.
  Oben angekommen springen sie auf die Weichbodenmatte
* Kinder nehmen einen Luftballon auf den Kasten mit.
  Von dort werfen sie ihn in die Luft und versuchen,
  während sie auf die Weichbodenmatte herunterspringen,
  den Luftballon in der Luft abzuschlagen oder sogar zu fangen.
  Statt eines Luftballons können sich die Kinder auch ein Tuch
  in die Hose stecken
* Auf der Weichbodenmatte mit Malerkrepp oder Kreide Zahlen oder
  Figuren aufkleben/aufmalen, die die Kinder möglichst genau beim
  herunterspringen treffen sollen

Station 9: (vgl. Rahmenthema: „Bei der Feuerwehr")

Material: Zwei Turnbänke, verschiedene Bälle

Aufbau: Alle Bälle werden in eine Hallenecke gelegt. Diese wird an den anderen zwei Seiten mit den beiden Bänken so begrenzt, dass ein Bällebad entsteht.

Freies Spiel – Erfahrungswerte:

- Kinder springen von der Bank in das Bällebad
- Kinder „schwimmen" im Bällebad auf den Bällen –
  wie fühlen sich die unterschiedlichen Bälle an?
- Kinder werfen unterschiedliche Bälle an die Wand
  und versuchen, sie wieder zu fangen
- Kinder balancieren „übers Eck" über beide Bänke.
  Dabei werfen sie einen Ball hoch und fangen ihn wieder
- Kinder rollen, prellen usw. die Bälle auf den Bänken

Station 10: (Grüger, 2012)
   (vgl. Rahmenthemen: „Im Gebirge" & „Bei der Feuerwehr")

Material: Vier Kasteninnenteile, zwei Turnmatten, Aquasticks, verschiedene Bälle

Aufbau: Die Kasteninnenteile werden im Zick-Zack auf den Boden gestellt und die Turnmatten in die Innenteile gelegt.

Freies Spiel – Erfahrungswerte

- Kinder robben, kriechen oder krabbeln unter den Kastenteilen entlang
- Kinder rollen, schieben Bälle unter den Kastenteilen entlang
- Kinder steigen auf die Kastenteile und springen herunter
- Kinder schlagen einen Ball mit Aquasticks durch die Kastenteile
- Kinder schieben einen Ball durch die Kastenteile und klettern über die Kastenteile hinterher

- Kinder rollen einen Ball durch die Kastenteile, umlaufen die Kastenteile und versuchen, den Ball am Ende wieder „aufzuschnappen": **1** bis **4**

Station 11: (Grüger, 2012) **(vgl. Rahmenthema: „Auto fahren")**

Material: Zwei Turnbänke, eine Turnmatte, Zauberschnur/Seile, Rollbrett, Tücher, Wäscheklammern

Aufbau: Die beiden Bänke werden parallel zueinander aufgestellt. Die Zauberschnur wird im Zick-Zack um die beiden Bänke geschnürt. In der Mitte liegt eine Turnmatte auf den Bänken. An der Zauberschnur werden Tücher und Wäscheklammern befestigt.

Freies Spiel – Erfahrungswerte:
- Kinder robben, kriechen oder krabbeln unter der Zauberschnur und der Matte
- An der Matte krabbeln die Kinder nach oben und laufen oder robben über die Matte und steigen dann wieder durch die Zauberschnur nach unten
- Kleinmaterial auf die Matte legen, das die Kinder beim Vorbeigehen mitnehmen

- Kinder laufen im Storchengang über die Zauberschnur und krabbeln unter der Matte durch oder robben über die Matte
- Mit dem Rollbrett unter der Schnüren und der Matte durchrollen
- An den Schnüren Tücher oder Wäscheklammern befestigen, die von den Kindern eingesammelt werden müssen
- Kinder balancieren auf einer der beiden Bänke über die Schnüre und die Matte

Station 12: (Grüger, 2012)
          (vgl. Rahmenthemen: „Im Gebirge" & „Bei der Feuerwehr")

Material: Eine Turnbank, ein Großer Kasten, eine Weichbodenmatte, drei Turnmatten, eventuell ein Kriechtunnel, zwei Seile, verschiedene Bälle

Aufbau: Die Turnbank wird zwischen der Sprossenwand und dem Großen Kasten so eingehängt, dass sich eine Gerade ergibt. Unter die Bank werden die Weichbodenmatte und Turnmatten zur Absicherung gelegt. Zusätzlich kann ein Kriechtunnel mit Seilen an der Sprossenwand befestigt werden.

Freies Spiel – Erfahrungswerte:

- Kinder klettern auf den Großen Kasten und ziehen sich über die Turnbank bis zur Sprossenwand und springen von dort auf die Weichbodenmatte
- Kinder klettern die Sprossenwand hoch und ziehen sich über die Turnbank bis zum Großen Kasten und springen von dort auf die Weichbodenmatte
- Kinder transportieren Bälle vom großen Kasten über die Turnbank zur Sprossenwand und werfen das Kleinmaterial dort in den Kriechtunnel. Sie springen auf die Matte oder klettern die Sprossenwand hinunter und fangen den Ball wieder ein

Station 13: (Grüger, 2012)

Material: Eine Turnmatte, zwei Kleine Kästen, ca. 15 Aquasticks, Luftballons, verschiedene Bälle

Aufbau: Die Aquasticks werden auf den Boden und die Turnmatte darüber gelegt. Rechts und links von der Matte stehen mit einem Abstand von etwa jeweils 30 cm die beiden Kleinen Kästen.

Freies Spiel – Erfahrungswerte:

- Kinder gehen, krabbeln oder kriechen über die Matte
- Kinder stehen („surfen") auf der Matte und versuchen, diese von rechts nach links zu bewegen
- Kinder rollen einen Ball krabbeln oder gehend über die Matte
- Kinder werfen/schlagen und fangen einen Luftballon auf der Matte

Station 14: (Grüger, 2012) **(vgl. Rahmenthemen: „Im Gebirge" &
„Bei der Feuerwehr" & „Auto fahren")**

Material: Ein langes Seil, ein Pfosten/Sprossenwand, zwei Rollbretter, ein
Kastendeckel, Hütchen, Wäscheklammern, verschiedene Bälle

Aufbau: Der Kastendeckel wird mit der Lederseite auf zwei Rollbretter gelegt. Das Seil wird jeweils durch einen Eingriff geführt. Die beiden Seilen-
den werden um die Sprossenwand und um einen Pfosten in der Nähe der
Sprossenwand gebunden. Alternativ kann das Seil auch um zwei kleine
Kästen geschlungen werden.

Freies Spiel – Erfahrungswerte:

- Ein bis zwei Kinder setzen sich in den Kastendeckel und ziehen sich
  hin und her
- Kinder transportieren verschiedene Bälle mit dem Kastendeckel,
  die sie am Ziel z. B. nach Farben sortieren
- Die Kinder rollen einen Pezziball neben sich her

- Auf dem Weg stehen mehrere Hütchen, auf denen jeweils ein Ball liegt. Die Kinder laden die Bälle in den Kasten ein
- Am Seil sind Wäscheklammern befestigt, die die Kinder einsammeln, während sie sich am Seil entlang ziehen

Station 15: (Grüger, 2012)

(vgl. Rahmenthemen: „Im Gebirge" & „Bei der Feuerwehr")

Material: Eine Sprossenwand, zwei Kasteninnenteile, eine Weichboden-matte, mehrere Seile, zwei Turnmatten, Tücher, verschiedene Bälle

Aufbau: Die beiden Kasteninnenteile werden mit den Holzzapfen in die Sprossenwand eingehängt. Die Weichbodenmatte wird an die Sprossen-wand gelehnt. Die beiden oberen Trageschlaufen der Weichbodenmatte werden mit den Seilen an der Sprossenwand befestigt. Ein Seil wird an ei-ner der obersten Sprossen so befestigt, dass es auf der Weichbodenmatte nach unten hängt. Die beiden Turnmatten werden unter die Weichboden-matte am Boden gelegt.

Freies Spiel – Erfahrungswerte:

- Kinder ziehen sich am Seil die Weichbodenmatte hoch und rutschen nach unten
- Kinder ziehen sich am Seil die Weichbodenmatte hoch und klettern wieder nach unten
- Kinder klettern ohne Seil die Weichbodenmatte hoch
- Um die oberen Sprossen werden z. B. Tücher gehängt, die die Kinder einsammeln und unten in einem Reifen ablegen. Das nächste Kind kann das Tuch wieder an die Sprosse hängen
- Ein Kind sitzt oben auf der Weichbodenmatte, das andere auf dem Boden vor der Matte. Das obere Kind rollt oder wirft einen Ball herunter. Das untere fängt ihn
- Jetzt wirft das Kind unten und das obere fängt ihn
- Beide Kinder werfen gleichzeitig einen Ball und versuchen, dass sich die Bälle in der Luft treffen

Station 16: (vgl. Rahmenthema: „Im Gebirge")

Material: Ein Großer und ein Kleiner Kasten, vier Turnmatten, eine Weichbodenmatte, verschiedene Bälle

Aufbau: Über den Großen Kasten wird die Weichbodenmatte gelegt. Vor und neben die Weichbodenmatte sowie unter den Kleinen Kasten werden die Turnmatten gelegt. Der Kleine Kasten wird zum Hochklettern vor den Großen Kasten gestellt.

Freies Spiel – Erfahrungswerte:

- Kinder klettern auf die Weichbodenmatte und rutschen, rollen oder springen auf der anderen Seite wieder runter
- Kinder unterstützen sich gegenseitig beim hochklettern
- Kinder rollen einen (Pezzi-)Ball die Weichbodenmatte hinauf und herunter
- Ein Seil wird zwischen die oberen beiden Kastenteile geklemmt, sodass die Kinder sich auf der anderen Seite hochziehen können

Station 17: (vgl. Rahmenthema: „Im Gebirge")

Material: Sieben Turnmatten, drei kleine Kästen, verschiedene Bälle

Aufbau: Es werden im Wechsel eine Turnmatte und ein Kleiner Kasten als geschlossene Bahn aufgestellt. Über die Kästen wird jeweils eine weitere Matte gelegt.

Freies Spiel – Erfahrungswerte:
- Kinder laufen über die Mattenbahn
- Kinder krabbeln über die Mattenbahn
- Kinder krabbeln auf die Mattenhügel und rollen hinunter
- Kinder klettern auf die Mattentürme und springen auf der anderen Seite wieder runter
- Kinder rollen Bälle über die Mattenhügel und sammeln sie wieder ein oder sie werfen sie sich gegenseitig hin und her
- Kinder werfen sich auf den Kleinen Kästen stehend einen Ball zu

Station 18: (vgl. Rahmenthema: „Auto fahren")

Material: Zwei Turnmatten, vier bis sechs Reifen, verschiedene Bälle

Aufbau: Die Turnmatten werden in die Reifen gewölbt.

Freies Spiel – Erfahrungswerte:
- Kinder krabbeln durch die Reifen hindurch
- Kinder krabbeln und die Reifen und schaukeln hin und her
- Kinder rollen einen Ball durch die Reifen
- Kinder krabbeln durch die Reifen und führen dabei Kunststücke mit einem Ball aus

Station 19: (vgl. Rahmenthemen: „Im Gebirge" & „Auto fahren")

Material: Vier Turnmatten, vier Kleine Kästen, verschiedene Bälle

Aufbau: Die Kästen werden wie die Eckpunkte eines Quadrates mit einem Abstand von etwa einem halben Meter aufgestellt. Jeweils zwischen zwei Kästen werden die Matten eingewölbt. In der Mitte oben liegt ein Pezziball.

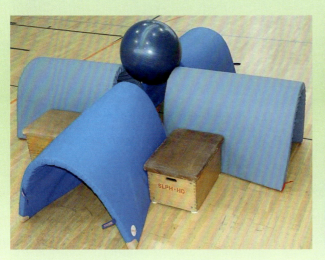

Freies Spiel – Erfahrungswerte:
- Kinder krabbeln auf verschiedenen Wegen durch die Tunnel
- Kinder steigen über die Turnmatten von einem Kasten zum nächsten
- In die Tunnel werden Bälle gelegt, die die Kinder einsammeln müssen
- Kinder rollen einen (Pezzi-)Ball durch die Tunnel
- Kinder stellen sich an die vier Eingänge und rollen oder kicken sich einen Ball durch die Tunnel zu
- Der Pezziball wird – wenn die Kinder in der Mitte ankommen – hochgespielt
- Kinder fahren mit dem Rollbrett durch den Tunnel

Station 20

Material: Eine Turnbank, ein Kleiner Kasten

Aufbau: Die Turnbank mit der Breitseite mittig über den Kleinen Kasten legen.

Freies Spiel – Erfahrungswerte:

- Kinder balancieren einzeln über die Bank (auf der Breitseite), sodass diese nach Überqueren des Kastens auf der anderen Seite langsam herunter geht
- Kinder wippen zu zweit
- Kinder „tippen" beim Wippen einen Luftballon hoch

Impulsgesteuertes Spielen

Die Stationen 1 bis 20 können mit verschiedenen Zusatzaufgaben kombiniert werden. Exemplarisch wird kurz auf eine Verbindung mit Würfel- und Memoryspielen eingegangen.

Stationen mit Würfelspielen

Die einzelnen Geräte/Stationen werden mit Schildern markiert, auf denen Würfelzahlen zu sehen sind. Die Kinder würfeln einmal und gehen dann an die entsprechende Station. Dort spielen sie bis der ÜL ein Signal gibt. Danach laufen sie zurück, um erneut zu würfeln und zur nächsten Station zu wechseln.

Hinweise:

• Um längere Wartezeiten zu vermeiden, sollten mehrere Würfel zur Verfügung gestellt werden

Variationen:

• Die Zahl 6 kann eine Wunschzahl sein, d. h. das Kind darf sich die nächste Station aussuchen
• Mehrere Schilder liegen an einer Station aus, wenn es beispielsweise weniger als sechs Stationen gibt
• Es gibt eine Bonus-Station ohne Zahl, an die man wechselt, wenn man zum zweiten Mal die gleiche Zahl gewürfelt hat
• Der Würfelparcours kann auch mit Farbwürfeln und Farben durchgeführt werden – oder man gestaltet den Würfel selber, z. B. mit Formen oder Tierbildern

Stationen mit Memoryspielen

Ein Memory-Spiel wird in einen Stapel mit den „Originalen" und einen Stapel mit den „Kopien" aufgeteilt. An allen Geräten/Stationen liegen zwei bis drei Originale verdeckt aus. Jedes Kind erhält eine der Kopien und soll die Station finden, an der das Original liegt. Dort spielt es bis der ÜL ein Signal gibt und kommt dann mit seiner Kopie zurück. Diese wird gegen eine neue ausgetauscht. Das Kind sucht wieder die zugehörige Station.

Hinweise:

• Bei dieser Organisationsform überwiegt in den ersten Durchgängen die Zeit der Suche nach den Originalen. Im Laufe des Spiels finden die Kinder diese Karten schneller. Für jüngere Kinder können die Originale zunächst auch aufgedeckt ausgelegt werden. Es ist sinnvoll, Orte anzubieten, an denen die Kopien beim Spielen an den Stationen hinzulegen sind

Spielen mit Rahmenthemen

Beim Spielen an Stationen können zusätzlich Rahmenthemen vorgegeben werden. Dies wird im Folgenden an drei Beispielen veranschaulicht. Für die Durchführung werden ein bis zwei der Stationen 1 bis 20 aufgebaut und den Kindern wird das jeweils ausgewählte Rahmenthema erzählt.

I   Im Gebirge

Station 1
- Kinder klettern Berge hoch und runter (Kästen und Bänke)
- Kinder transportieren in ihrem Wanderrucksack (Tuch) über der Schulter ihren Proviant (z. B. Bälle)
- Kinder rutschen die Berge hinunter

Station 3
- Kinder springen von Bergsee zu Bergsee

Station 8
- Kinder springen in das Tal
- Kinder werfen Bälle ins Tal und laufen ihnen hinterher

Station 10 und 19
- Kindern kriechen durch Tunnel und Höhlen und lassen Edelsteine (Bälle) durchrollen
- Kinder fahren mit der Bergbahn (Rollbrett) durch den Tunnel

Station 12
- Kinder überqueren ein tiefes Tal oder eine Schlucht und werfen Steine (Bälle) durch einen Tunnel (Kriechtunnel) ins Tal

Station 14
- Kinder fahren mit der Seilbahn und transportieren Material (z. B. Bälle) von der Tal- zur Bergstation
- Kinder pflücken unterwegs Blumen (Bälle auf Hütchen)

Station 15
- Kinder erklimmen einen Berggipfel mit oder ohne Seil
- Kinder rollen Steine (Bälle) ins Tal

Station 16
- Kinder lassen sich ins Tal rollen
- Kinder helfen sich gegenseitig beim Erklimmen des (Matten-)Berges

Station 17

- Kinder werfen Steine (Bälle) von einem (Matten-)Berg
  zum nächsten
- Kinder rollen große Steine (Bälle) über mehrere Hügel
  (Mattenberge)

II Bei der Feuerwehr

Station 2

- Die (roten) Hütchen sind das Feuer, das mit Hilfe des Wasserstrahls
  (Bälle) gelöscht werden muss

Station 3

- Aus den Löschweihern (Matten) muss das Wasser (Bälle) geholt
  werden, um das Feuer zu löschen. Die Feuerwehrmänner (Kinder)
  holen das Wasser und versuchen, damit das Feuer (rote Hütchen
  am Boden) zu löschen (Hütchen fallen um)

Station 4

- Die Feuerwehr hat einen Einsatz und muss ausrücken.
  Alle Feuerwehrmänner (Kinder) müssen ihren Helm aufziehen.
  Sie springen auf das Trampolin und versuchen, einen Helm (Ball)
  den ihnen der Feuerwehrchef (ÜL) zuwirft, im Flug zu fangen

Station 8

- Die Feuerwehrmänner müssen ein brennendes Haus löschen.
  Dazu klettern zwei bis drei Feuerwehrmänner auf das Dach des
  Hauses (Großer Kasten) und werfen mit dem Wasserstrahl (Bälle)
  Flammenbilder ab, die auf der Weichbodenmatte liegen. Unten stehen
  die restlichen Feuerwehrmänner, die die Feuerwehrmänner auf dem
  Dach mit Nachschub versorgen (Bälle hochwerfen).
  Nach einiger Zeit wird gewechselt

Station 9

- Die Feuerwehrmänner (Kinder) versuchen, mit dem Wasserstrahl
  (Tennisbälle) das Feuer zu löschen (auf der Bank stehen und alle
  roten Bälle abwerfen)
- Die Feuerwehrmänner sammeln so schnell es geht alle roten Bälle ein
  und werfen sie nach draußen. Ist kein roter Ball mehr im brennenden
  Haus (Bällebad) ist das Feuer gelöscht

Station 10

- Die Feuerwehrmänner (Kinder) müssen mehrere Hindernisse (Kastenteile) überwinden, bevor sie am Brandherd ankommen. Dabei sollen sie das Wasser (Bälle) mitführen. Sind alle Hindernisse überwunden, werfen die FeuerwehrmännerFlammenbilder ab, die in unterschiedlichen Höhen an der Wand hängen

Station 12

- Die Feuerwehrmänner (Kinder) löschen einen Brand, indem sie das Wasser über den Kasten und die Bank transportieren und dann in den Kriechtunnel werfen. Unter den Tunnel kann ein Flammenbild geklebt oder ein rotes Tuch gelegt werden

Station 14

- Zwei Feuerwehrmänner holen mit dem Löschfahrzeug das Wasser (Bälle in einem Reifen an der Sprossenwand). Sind sie wieder angekommen, löschen sie damit das Feuer (Flammenbilder zum Prellen auf den Boden legen, z. B. in einen Reifen)

Station 15

- Die Feuerwehrmänner müssen mehrere kleine Kätzchen (Tücher an der Sprossenwand) retten, die nicht mehr vom Baum herunterkommen. Dazu klettern sie am Seil einen Baum (Weichbodenmatte) hoch und retten jeweils ein Kätzchen, dass sie vorsichtig nach unten bringen

III Auto fahren

Station 6 und 7

- Kinder fahren über eine holprige Straße

Station 11

- Die Autos (Kinder) fahren auf einem Rollbrett unter den Seilen und dem Tunnel (Matte) entlang

Station 14

- Autowaschanlage

Station 18

- Die Autos (Bälle) werden durch den Tunnel gerollt (von den Kindern). Die Kinder laufen nebenher und fangen ihr Auto am Ende des Tunnels wieder auf
- Die Kinder fahren (rollen) das Auto (Ball) durch den Tunnel

Station 19

- Die Autos (Kinder) fahren durch die Tunnel, entweder mit oder ohne Rollbrett
- Die Autos (Bälle) werden durch den Tunnel gerollt (von den Kindern)
- Die Kinder lassen die Autos selbstständig durch die Tunnel fahren (rollen), an jedem Ausgang sitzt ein Kind, dass die Autos auffängt

Weitere Ideen für das Rahmenthema „Auto fahren"

- Die Kinder bekommen ein Auto (Teppichfliesen) und fahren damit über Brücken (über eine Turnbank ziehen) durch Tunnel (unter Turnmatten hindurch), über Straßen (mit Seilen begrenzen) und Berge (Turnbank auf einen kleinen Kasten auflegen)
- Die Kinder können sich auch selbständig eine Waschanlage, eine Tankstelle oder eine Autoreparaturwerkstatt bauen

Kapitel 6
Mini-Spielreihen

Allgemeine Hinweise

Register der Mini-Spielreihen

3- bis 4-jährige Kinder

4- bis 5-jährige Kinder

5- bis 6-jährige Kinder

Allgemeine Hinweise

„Die größte Kunst ist, den Kindern alles, was sie tun oder lernen sollen, zum Spiel zu machen" (John Locke).

Das freie oder impulsgesteuerte Agieren in Ball- und Geräteparcours kann gut als Einstieg in (eine Reihe von) Bewegungsstunden gewählt werden. In diesem Kapitel werden einfache Stationen mit wenigen Materialien vorgeschlagen, die sich besonders dafür eignen, dass die Kinder zunächst frei, dann impulsgesteuert *und* schließlich aufgabenorientiert spielen. Für die Kennzeichnung der Abfolge dieser drei Spielformen wird der Begriff *Mini-Spielreihe* verwendet. Der Reihenbegriff erscheint hier ganz treffend. Mit zunehmenden Alter und Können nimmt der Anteil des unangeleiteten Spielens allmählich ab. Zudem werden die Kinder mit der verstärkten Ausrichtung auf Spielaufgaben schrittweise an das Ballschul-ABC für Grundschulkinder herangeführt.

Bei jeder der nachfolgenden 66 Stationen wird zunächst von Erfahrungswerten zu *freien Aktivitäten* der Kinder ausgegangen, die auf langjährigen Praxisbeobachtungen beruhen. Die *Impulssteuerung* erfolgt dann u. a. über mögliche Fragen des ÜL, die an die spielenden Kinder gestellt werden. Zum Teil handelt es sich auch um allgemeine Anregungen oder um den Beginn einer kleinen Phantasiereise.

Den Abschluss bildet eine klar definierte *Spielaufgabe* für die Bewegungslandschaft. An dieser Stelle kann der ÜL die Handlungen einzelner Kinder aufgreifen. Es kann vorkommen, dass manche Kinder beim freien und/oder impulsgeleiteten Spielen bereits die Zielaufgabe (oder eine ähnliche Aufgabe) ausprobiert haben. Der ÜL lässt dann das ausgewählte Kind sein Spiel demonstrieren und motiviert die anderen, es nachzumachen. Für jede Aufgabe gibt es zwei Darstellungsvarianten: eine „nüchterne" Ablaufbeschreibung und eine, manchmal auch zwei oder drei Geschichten, in die die gleichen oder sehr ähnliche Spielaufgaben kindgerecht eingekleidet werden.

Während beim freien und impulsgesteuerten Spielen die motorischen und taktischen Aktivitäten nicht vollständig vorhersehbar sind, ist es beim aufgabenorientierten Spielen möglich, die 7 x 6 x 5-Zielstellungen (vgl. Kapitel 3, Tabelle 4) der Mini-Ballschule genauer in den Blick zu nehmen. Die Spiele enthalten jeweils Anforderungen zu einzelnen oder zu mehreren dieser Basiskompetenzen – und das in hoher Wiederholungszahl. Nach ausgiebigen selbsttätigen Erfahrungssammlungen lernen die Kinder also, vielseitig mit Hand, Fuß und Schlägern z. B. Laufwege zum Ball zu bestimmen, Lücken zu erkennen oder Bewegungen unter Zeitdruck zu koordinieren.

Generell ist einzukalkulieren, dass die aufgabenorientierten Spiele nicht in jeder Gruppe auf Anhieb funktionieren werden. Wenn sich das Geschehen in eine andere Richtung entwickelt, als es die Regeln vorsehen, kann man die Kinder spielen lassen, solange alle involviert sind und Freude haben. Wissen allerdings einige Spieler nicht mehr, was sie tun sollen, verlieren sie oft die Lust. In diesem Fall sollte man eingreifen, das Spiel nochmals erklären, abändern oder auf einen späteren Zeitpunkt verschieben. Der *Wettkampfgedanke* braucht übrigens keineswegs ganz außen vor zu bleiben, sollte aber niemals dominieren. In der Mini-Ballschule ist kein Platz für frühe Frustrationen und Angst vor dem Verlieren.

Zwei Dinge sind noch anzumerken. *Erstens* lassen sich die Anforderungen der nachfolgenden Mini-Spielreihen nicht vollständig über das ABC der Ballschule für Kindergartenkinder (Kapitel 3, vgl. Tabellen 1 bis 3) abbilden. Die Bandbreite der zu fördernden Basiskompetenzen ist insgesamt breiter. Das Spektrum der altersgerechten fundamentalen Fertigkeiten (Säule A) z. B. umfasst weitere Elementarformen wie Kriechen, Heben, Tragen, Ziehen, Schieben, Stützen, Schwingen, Hangeln, Klettern, Steigen oder Wälzen. Sie werden in der Regel bis zum dritten Lebensjahr erworben und fließen quasi „nebenbei" in die Bewegungslandschaften, Geschichten usw. mit ein.

Zweitens soll auf keinen Fall der Eindruck erweckt werden, als würden in der Mini-Ballschule ausschließlich neue Spiele und Übungen angeboten. Neben bislang unveröffentlichten werden bekannte und bewährte Bewegungsaufgaben dargestellt.

Darstellungsform

Die Beschreibung jeder Mini-Spielreihe erfolgt auf zwei Seiten. Oben auf der ersten Seite steht der Name/Titel. Danach folgt eine einheitliche *Kopfzeile*. In der *Spalte 1* dieser Zeile wird ganz links das Schwierigkeitsniveau gekennzeichnet, ausgedrückt über die Zuordnung zu einer *Komplexitätsstufe* (I = gering, II = mittel, III = hoch) (erstes Ordnungskriterium). Aufgaben der Stufe I sind für Kinder im Alter von drei bis vier Jahren bzw. für ältere Kinder ohne Vorerfahrung geeignet. Die Stufe II richtet sich an Kinder im Alter von vier bis fünf Jahren bzw. an ältere Kinder mit wenig Vorerfahrung im Umgang mit Bällen und die Stufe III empfiehlt sich für Vorschulkinder. Diese Einteilung liefert nur eine grobe Orientierung. Es wird immer

Heranwachsende geben, die schon sehr früh die Komplexitätsstufe III erreichen, und umgekehrt Kinder, die sich langsamer entwickeln.

Die *Spalten 2* bis *(maximal) 5* zeigen die als zentral eingeschätzten Anforderungen aus dem Pool der 7 x 6 x 5- Basiskompetenzen (zweites Ordnungskriterium). Die Intensitäten der farblichen Unterlegungen illustrieren, wie wichtig die zugeordneten Fertigkeiten/Fähigkeiten sind („Je dunkler der Grundton, desto bedeutsamer!).

Unter den Kopfzeilen wird das für die Ball- und Gerätestationen erforderliche Material aufgelistet. Es folgen Fotos (nicht immer) und die Rubriken; *Freies Spiel – Erfahrungswerte, Impulsgeleitetes Spiel (fast immer)*. sowie *Aufgabenorientiertes Spiel*. Hinzu kommen in z. T. variierender Reihung Bildserien, organisatorische Hinweise und mögliche Variationen mit Fotos (nicht immer). Da sich die Schwierigkeitsstufen durch die Modifikationen verändern können, werden diese jeweils in Klammern vermerkt.

Nun wünschen wir Ihnen und Ihren Kindern viel Spaß in der Mini-Ballschule. Seien Sie offen, warmherzig, interessiert, motiviert, konsequent, aber auch gelassen und zeigen Sie den Heranwachsenden, welche Möglichkeiten sie in der Welt des Ballspielens erwarten!

Register der Mini-Spielreihen

5- bis 6-jährige Kinder

3- bis 4-jährige Kinder

Tunnelball

Komplexität I	Komplexität – Zeit			

Material: Tunnel (Kriechtunnel) oder ein Mattentunnel, verschiedene Bälle

Freies Spiel – Erfahrungswerte:
- Kinder krabbeln durch den Tunnel
- Kinder krabbeln zu zweit durch den Tunnel, auch von beiden Seiten startend
- Kinder nehmen Bälle mit in den Tunnel
- Kinder rollen Bälle durch den Tunnel, ohne selbst durchzukriechen

Impulsgeleitetes Spiel:
- Kann der Ball auch ganz alleine durch den Tunnel rollen?
- Wer schafft es, am Ende des Tunnels den Ball aufzufangen?
- Wie könnt ihr den Ball durch den Tunnel transportieren?
- Könnt ihr einen Kinder-Tunnel bauen, nur aus euren Körpern?

Aufgabenorientiertes Spiel:
Die Kinder stellen sich in einer Reihe hintereinander mit gegrätschten Beinen auf. Das vordere Kind der Reihe bekommt einen großen Ball und rollt den Ball durch den Tunnel hindurch nach hinten. Das hintere Kind läuft mit dem Ball nach vorne und stellt sich mit gegrätschten Beinen an den Anfang des Tunnels. Nun beginnt der nächste Durchgang.

Mögliche Bewegungsgeschichte: Der Ball ist ein Brief oder ein Paket (abhängig von der Größe und dem Gewicht des Balles), das möglichst schnell
an seinen Empfänger gelangen soll. Das Paket ist angekommen, wenn das
erste Kind wieder vorne steht.

Hinweise:
- Für die genaue Aufstellung zwei Linien am Boden markieren,
  auf die sich die Kinder mit den Füßen stellen
- Wenn mit mehreren Gruppen gespielt wird, sollte es darum gehen,
  welche Gruppe am schnellsten ist
- Ziel durch Hütchen vorgeben

Variationen:
- Kinder bringen den Ball hüpfend, auf einem Bein, rückwärts usw.
  nach vorne (I/II)
- Kinder bringen den Ball mit der Hand prellend nach vorne (II)
- Kinder bringen den Ball mit dem Fuß dribbelnd nach vorne (I/II)

Vorsicht heiß!

Komplexität I	ZEITDRUCK			

Material: Mehrere kleine Eimer (Töpfe), verschiedene runde Kleingeräte (Kartoffeln, Eier, Klöße), Kleine Kästen (Herde), Holzkochlöffel

Freies Spiel – Erfahrungswerte:
- Kinder spielen „Kochen" und schalten an imaginären Knöpfen den Herd an und aus
- Kinder tragen die Töpfe von Herd zu Herd bzw. heben die Töpfe von Herdplatte zu Herdplatte
- Kinder mischen Kartoffeln, Eier und/oder Klöße und rühren um
- Kinder legen heiße Kartoffeln, Eier oder Klöße auf den Kochlöffel und pusten
- Kinder teilen untereinander das Essen auf

Impulsgesteuertes Spiel:
- Seht ihr, dass auf jedem Herd ein Topf mit kochenden Kartoffeln, Eiern und Klößen steht?" Wenn ihr merkt, dass die Kartoffel noch zu heiß ist, dann schnell in den Topf zurückwerfen
- Lasst ein anderes Kind probieren, ob das Ei schon abgekühlt ist. Wenn nicht, muss das Ei schnell irgendwo abgelegt werden
- Der Übungsleiter nimmt sich eine Schüssel mit heißen Kartoffeln und lässt sie fallen. „Oh je, könnt ihr mir helfen, die Kartoffeln schnell wieder einzusammeln? Aber nicht zu lange festhalten, sonst verbrennt ihr euch noch!"

Aufgabenorientiertes Spiel: (vgl. Kosel et al., 2005)
Ein Kind hat ein rundes Kleingerät (z. B. einen Ball, einen Tennisring oder
eine Frisbee-Scheibe). Alle Kinder laufen durcheinander und das Kind versucht, sein Kleingerät möglichst schnell einem anderen Kind zu übergeben. Nach und nach kann die Anzahl an Kleingeräten erhöht werden.

Mögliche Bewegungsgeschichte: Die Kleingeräte, die übergeben werden,
sind heißes Gemüse, z. B. eine heiße Kartoffel, eine heiße Karotte oder
eine heiße Zwiebel. Das heiße Gemüse holen sich die Kinder aus dem
Kochtopf (z. B. einem Kleinen Kasten).

Hinweise:
- Die Kinder dürfen die Annahme nicht verweigern
- Jedes Kind darf nur ein Kleingerät gleichzeitig bei sich tragen
- Die Kleingeräte sollten nicht auf den Boden fallen

Variationen:
- Die Kinder rollen die Kleingeräte, bevor sie diese übergeben (I/II)
- Die Kleingeräte werden aus kurzer Entfernung einem anderen Kind
  zugeworfen (I/II)
- Wurfarten variieren: mit beiden Händen, Überkopf,
  rückwärts durch die Beine (II)
- Die Kinder mit Bällen prellen oder dribbeln (II)

Bierdeckel-Transport

Komplexität I	Organisation – Präzision				

Material: Runde Bierdeckel, Sandsäckchen, verschiedene Kleingeräte wie Reifen, Kleiner Kasten, Eimer, Seile und/oder Bänke

Freies Spiel – Erfahrungswerte:

- Kinder werfen Bierdeckel hoch
- Kinder werfen Bierdeckel wie (Frisbee-)Scheiben
- Kinder rollen Bierdeckel auf der Kante
- Kinder verwenden Bierdeckel zum Bauen
- Kinder sammeln Bierdeckel im Reifen
- Kinder schieben Bierdeckel auf der Bank oder verwenden sie als „Putzlappen"
- Kinder tragen Bierdeckel von Station zu Station

Impulsgeleitetes Spiel:

- Könnt ihr die Bierdeckel auch mit einem anderen Körperteil transportieren (nicht mit der Hand)?
- Wer schafft es, ein Hindernis zu überqueren, ohne den Bierdeckel zu verlieren?
- Krabbelt auf allen Vieren. Wo ist ein guter Platz für den Bierdeckel?

Aufgabenorientiertes Spiel:

Jedes Kind nimmt sich einen Bierdeckel und befördert den Bierdeckel durch den Raum zum Bestimmungsort (Reifen oder Kasten).

Mögliche Bewegungsgeschichte: Viele kleine Schiffe (Kinder) transportieren Waren (Bierdeckel, Sandsäckchen) auf den Schultern oder auf dem Kopf vom Hafen auf ein Containerschiff (Kästen aufeinanderstapeln), weil dieses auf Grund seiner Größe nicht in den Hafen einfahren kann.

Hinweise:
- Transport auf dem Kopf, Schulter, Bauch, Rücken, Fingerspitzen usw.
- Auch als Staffelform geeignet

Variationen:
- Hindernisse (Dosen, Schachteln, Turnbank usw.) müssen überwunden werden (II)
- Zwei Deckel gleichzeitig mit einem Gabelstapler transportieren (auf den Händen, Unterarmen) (II)
- Die Kinder sollen mit drei bis vier Bierdeckeln einen Fluss überqueren (Ufer können Matten oder Bänke sein) (II)
- Alternativen für den Transport: Sandsäckchen, Tücher (I)

Luftballons fangen

Komplexität I	FANGEN			

Material: Luftballons mit Band

Freies Spiel – Erfahrungswerte:
- Kinder laufen los und probieren aus, wie die Luftballons fliegen
- Kinder werfen die Luftballons hoch und fangen entweder den Ballon oder das Band
- Kinder halten den Luftballon schlagend oder „pritschend" in der Luft
- Kinder laufen zu zweit mit Ballons

Impulsgeleitetes Spiel:
- Wer kann so laufen, dass der Luftballon nicht den Boden berührt?
- Klappt das auch, wenn ihr im Kreis, auf Linien usw. lauft?
- Stellt euch vor, jemand will euch den Luftballon wegschnappen. Lauft schnell los und schützt euren Luftballon

Aufgabenorientiertes Spiel: (vgl. Zimmer, 2013)
Einen Luftballon an einem längeren Band befestigen und ein Kind damit durch den Raum laufen lassen. Die anderen Kinder versuchen, den Luftballon zu fangen. Ist dies einem Kind gelungen, wird der Luftballon weitergegeben.

Mögliche Bewegungsgeschichte: Der Luftballon ist ein kleiner frecher Drache, der sehr gerne wegfliegt. Die anderen Kinder versuchen, den Drachen einzufangen. Aber bei jedem neuen Kind haut er wieder ab. Sind mehrere Luftballons im Spiel hat der kleine Drache seine Freunde mitgebracht. Am Ende werden die Drachen nach Hause gebracht (z. B. in den Ballsack).

Hinweise:
- Bei größeren Gruppen können auch mehrere Kinder mit einem Luftballon durch den Raum laufen

Variationen:
- Die Kinder mit dem Luftballon laufen verschiedene Figuren (z. B. im Kreis, im Viereck, im Dreieck) (I/II)
- Die Kinder mit dem Luftballon führen viele Richtungsänderungen durch (I/II)

- Die Kinder ohne Luftballon versuchen, den Ballon mit dem Kopf zu treffen (II)
- Die Kinder ohne Luftballon fangen den Luftballon und halten ihn fest. Beide Kinder laufen weiter. Das hintere Kind läuft dem vorderen genau hinterher (Tempo- und Richtungswechsel) (II)

Spiel mit Seifenblasen

Komplexität I	WERFEN	FANGEN	ORGANISATION – ZEIT	

Material: Luftballons

Freies Spiel – Erfahrungswerte:
- Kinder werfen den Luftballon hoch und fangen ihn wieder auf
- Kinder kicken den Luftballon (mit dem Fuß)
- Kinder „köpfen" den Luftballon

Impulsgeleitetes Spiel:
- Denkt euch doch mal ein Kunststückchen mit dem Luftballon aus, übt es und dann machen wir alle eine Vorführung
- Mit wie vielen Körperteilen könnt ihr den Luftballon berühren, bevor er auf den Boden fällt?
- Könnt ihr den Ball mit zweimal hintereinander nach oben köpfen? Wer schafft noch mehr?

Aufgabenorientiertes Spiel:

Einen Luftballon hochwerfen und fangen bzw. wieder nach oben schlagen. Wenn das gelingt, sich dabei drehen oder in die Hände klatschen.

Mögliche Bewegungsgeschichte: Der Luftballon ist eine heiße Kartoffel. Damit man sich nicht die Finger verbrennt, schlägt man die Kartoffel immer wieder in die Luft, wo sie abkühlen kann.

Hinweise:
- Abhängig von der Gruppengröße können auch mehrere Kinder mit einem Luftballon durch den Raum laufen

Variationen:
- Luftballon hochwerfen, in die Hände klatschen, wieder auffangen
- Die Kinder bilden Paare und schlagen ihren Luftballon hoch (I)
- Wer kann den Luftballon des Partners fangen? (II)
- Zusatzaufgabe vor dem Fangen: in die Hände des Partners Klatschen (III)
- Verschiedene Ausgangspositionen einnehmen (Kniestand, Fersensitz, Rückenlage usw.) (II)
- Manche Luftballons sind mit Reiskörnern, kleinen Wassersäckchen oder kleinen runden Gegenständen gefüllt. Die „Flugeigenschaften" dieser Ballons ausprobieren und besprechen lassen (II)
- Den Ballon immer wieder hochschlagen und dabei die Anzahl der Kontakte zählen. (II)
- Ballons vor der Brust hertreiben (II) Den Luftballon hochwerfen, eine Zusatzaufgabe lösen (z. B. in die Hocke gehen oder klatschen) und dann fangen (II)
- Ballon mit verschiedenen Körperteilen hochschlagen (II/III)

Straßenverkehr

Komplexität	KOMPLEXITÄT –	ORGANISATION –	VARIABILITÄT –	
I	ZEIT & PRÄZISION	PRÄZISION	ZEIT & PRÄZISION	

Material: Reifen, Bodenmarkierungen, Straßenschilder (geht auch als Papier-Ausdruck), verschiedene Bälle, wenn vorhanden Fahrzeuge

Freies Spiel – Erfahrungswerte:
Kurze Erläuterung: Wir sind heute auf der Straße unterwegs.
Ihr dürft einfach mal losfahren und ausprobieren.
- Kinder laufen/fahren durch die Halle
- Kinder machen „Fahrgeräusche"
- Kinder verteilen Rollen (Polizeiauto, Feuerwehr usw.)

Impulsgeleitetes Spiel:
- Kann euer Auto auch rückwärts fahren?
- In der Mitte der Halle (Innenzone) ist die Stadt. Da müsst ihr langsam fahren und könnt auch mal parken. Außen (Randzone) ist die Autobahn. Da dürft ihr schnell fahren, allerdings nur in eine (vorgegebene) Richtung

Aufgabenorientiertes Spiel:
Die Kinder steigen in die Reifen, halten diese auf Hüfthöhe und laufen damit durch die Halle. Auf Zeichen des ÜL laden sie den nächstgelegenen Ball ein. Der Ball wird mit den Füßen mittransportiert.

Mögliche Bewegungsgeschichte: Die Kinder sind Autos und fahren damit durch die Halle:
- Freies Autospielen, hupen, blinken, rückwärts fahren, einparken usw.
- Bei Gegenverkehr aneinander vorbeilaufen
- Autostau! Die Kinder fahren hintereinander her. Auf Signal des Verkehrspolizisten muss das erste Auto in der Schlange stehen bleiben. Die anderen Autos schließen wieder auf.
  Nach kurzer Pause geht es weiter

Hinweise:
* Die Kinder können auch andere Rollen als Autofahren wählen:
  Tankstelle, Zebrastreifen usw.

Variationen:
* Die Kinder stoppen an den Straßenschildern und laufen nach einer
  kurzen Unterbrechung weiter (I/II)
* Die Kinder umlaufen mit dem Ball die Bodenmarkierungen (II)
* Die Kinder kicken die Bälle weg und laufen hinterher (I/II)

Raus und Rein

Komplexität I	WERFEN	FANGEN	ZEITDRUCK	LÜCKE ERKENNEN

Material: Kleiner Kasten, Eimer (andere Behälter für Bälle), verschiedene Bälle

Freies Spiel – Erfahrungswerte:

Unterschiedliche Bälle in verschiedenen Behältern in der Halle aufstellen. Der ÜL sagt den Kindern, dass sie mit den Bällen ausprobieren dürfen, was sie möchten. Dabei sollen sie andere Kinder allerdings nicht stören. Die Kinder dürfen sich einen anderen Ball nehmen, sobald sie den Ball, den sie nicht mehr benötigen, wieder in den Behälter zurückgebracht haben.

- Kinder werfen die Bälle hoch (meist zu hoch) und versuchen, sie zu fangen (gelingt häufig noch nicht)
- Kinder rollen die Bälle oder kicken mit dem Fuß
- Kinder setzen sich auf die Bälle

Impulsgeleitetes Spiel:

- Auf welche verschiedenen Arten könnt ihr die Bälle in den Raum werfen oder rollen?
- Könnt ihr besser mit einer Hand werfen oder mit beiden?
- Aus welcher Entfernung könnt ihr den Ball wieder zurück in den Kasten/Eimer werfen?

Aufgabenorientiertes Spiel: (vgl. Zimmer, 2013)
Ein Kind steht oder kniet an einem kleinen Behälter (kleiner Kasten oder Plastikbox), der mit Bällen gefüllt ist. Es wirft möglichst schnell alle Bälle aus dem Behälter in den Raum. Die anderen Kinder sammeln die Bälle so schnell es geht wieder ein und werfen sie zurück in den Behälter. Das Spiel ist entschieden, wenn entweder: kein Ball mehr im Behälter ist, wenn alle Bälle wieder im Behälter sind oder wenn die vereinbarte Zeit vorbei ist. Die Gruppe hat gewonnen, wenn mehr Bälle im Behälter sind als draußen und das Kind am Behälter, wenn mehr Bälle draußen sind als im Behälter.

Mögliche Bewegungsgeschichte: Das Kind am Mülleimer (Ballkiste) ist ein Affe, der die Kinder ärgern möchte und den ganzen Müll (Bälle) aus dem Mülleimer wirft. Die Kinder versuchen wieder aufzuräumen und den Müll zurück zu bringen.

Variationen:
*   Es können auch zwei oder drei Kinder die Bälle aus dem Behälter werfen (I)
*   Die Bälle müssen je nach Vorgabe unterschiedlich zurück geworfen werden, z. B. beidhändig, Überkopf, mit der „verkehrten" Hand (II)
*   Ein zweites Kind am Behälter versucht, die zurück geworfenen Bälle abzufangen (II/III)
*   Die Bälle müssen so zurück geworfen werden, dass sie erst auf dem Boden aufprellen (III)
*   Der Behälter wird an eine Wand gestellt. Die zurück geworfenen Bälle müssen so an die Wand geworfen werden, dass sie von dort in den Behälter fallen (III)

Haltet euren Garten sauber

Komplexität I	WERFEN	ZEITDRUCK		

Material: Turnbank, Aquasticks, Luftballons, verschiedene Bälle

Freies Spiel – Erfahrungswerte:
- Kinder spielen alleine mit einem Ball
- Kinder kicken oder werfen sich einen Ball zu
- Kinder balancieren mit oder ohne Ball auf der Bank

Impulsgeleitetes Spiel:
- Könnt ihr den Ball über die Bank rollen, ohne dass er herunterfällt?
- Versucht doch einmal den Ball auf der Bank zu tippen
- Wer schafft es, den Ball unter der Bank durchzurollen?
- Wer kann den Ball über die Bank köpfen, über die Bank laufen und den Ball wieder einfangen?

Aufgabenorientiertes Spiel:
Es werden zwei Teams gebildet und zwei gleich große Spielfelder markiert. Diese sind in der Mitte durch eine Turnbank getrennt. Jedes Team erhält die gleiche Anzahl von Bällen. Aufgabe ist es innerhalb einer bestimmten Zeit möglichst viele Bälle ins andere Feld zu werfen. Wessen Feld ist am Ende sauberer?

Mögliche Bewegungsgeschichte: Die beiden Felder sind zwei Gärten, die durch einen Zaun (Turnbank) getrennt sind. In beiden Gärten liegt Abfall, z. B. Blätter (Bälle). Die Kinder versuchen, möglichst viele Blätter in den Garten des Nachbarn zu werfen. Oder die Kinder auf der einen Seite sind eine Igelfamilie, die auf der anderen eine Eichhörnchenfamilie. Beide wollen ihr Nest sauber halten.

Hinweise:
- Das Spiel kann auch mit zwei Bänken gespielt werden. Dafür baut man die zwei Zäune in einem kleinen Abstand voneinander auf, sodass die Kinder fester werfen müssen, um die Bälle in das gegnerische Feld zu befördern

Variationen:

- Das Spiel kann auch mit Aquasticks und Luftballons gespielt werden. Die Luftballons dürfen nur ins gegnerische Feld geschlagen werden, nicht geworfen (I)
- Die Bank wird umgedreht und auf zwei Kästen gestellt. Die Kinder versuchen, ihre Seite sauber zu halten und kicken die Bälle unter der Bank in die andere Spielzone (II)
- Zwischen den beiden Mannschaften ist ein Abstand von ca. drei Metern. Dieser Abstand ist die spielfreie Zone (Zone durch Hütchen oder Bänke markieren). Die Softbälle dürfen nur geworfen und die Plastikfußbälle nur geschossen werden. Die Mannschaften können auch Punkte erzielen, indem sie die Bälle an die Wand der anderen Mannschaft werfen bzw. kicken (III)

Vogelfutter

Komplexität I	ZEITDRUCK			

Material: Turnbänke, Matten, Vogelnest (wenn vorhanden, ansonsten ein Bild), verschiedene Bälle

Freies Spiel – Erfahrungswerte:
Der Übungsleiter fragt zu Beginn der Stunde, ob schon einmal ein Kind ein echtes Vogelnest gesehen hat. Wisst ihr, wie die kleinen Baby-Vögel gefüttert werden? Was fressen kleine Vögel eigentlich? Jetzt dürft ihr in der Halle spielen. Die ausgelegten Matten können eure Vogelnester sein, die Bälle sind das Futter.
* Kinder tragen die Bälle in das Nest
* Kinder bauen mit den Bällen ein Nest
* Kinder werfen sich die Bälle über die Bank zu
* Kinder versuchen, über die Bank zu kicken

Impulsgeleitetes Spiel:
* Geht zu zweit, zu dritt oder zu viert zusammen in ein Nest. Einigt euch, wer die Eltern und wer die Kinder sind (Baby-Vogel, Kind-Vogel, Eltern-Vögel). Später dürft ihr auch die Rollen tauschen. Ab jetzt bleiben die hungrigen Kinder im Nest und rufen, die Eltern müssen sofort losfliegen und schnell Futter finden

Aufgabenorientiertes Spiel:
Es werden zwei Gruppen gebildet und zwei gleich große Spielfelder markiert. Sie sind die in der Mitte durch eine Turnbank getrennt. Auf und unter der Turnbank werden viele Bälle verteilt (Achtung: die Anzahl muss immer ungerade sein). Die zwei Gruppen sitzen auf je einer Matte am Außenrand. Auf ein Signal des ÜL holen die Kinder die Bälle auf ihre Matten. Dabei darf immer nur ein Ball transportiert werden. Sieger ist am Ende die Gruppe mit den meisten Bällen.

Mögliche Bewegungsgeschichte: Die zwei Gruppen sind zwei Vogelfamilien, die sich das Futter (Bälle) für den Winter holen wollen. Die Kinder können selber aussuchen, was für eine Vogelfamilie sie gerne sein würden. Die Bälle sind das Vogelfutter – hier kann darüber gesprochen werden, was Vögel gerne fressen und was das Futter darstellt (Beeren, Gräser,

Würmer usw.) – und weil das Futter für die kleinen Vögel schwer ist, können sie immer nur ein Futterteil zum Nest transportieren.

Variationen:
*   Regeln für den Transport der Bälle variieren
    (z. B. Bälle dürfen nur gerollt werden (II), rückwärts zur
    Matte gebracht werden (II), mit dem Fuß (II) usw.
*   Zwei oder drei Kinder dürfen sich nur einen Ball holen. Sie müssen
    sich ihn auf dem Weg zur Matte zuwerfen oder zukicken (III)

Fliegendes Tuch

Komplexität I	ZEITDRUCK			

Material: Tücher

Freies Spiel – Erfahrungswerte:
- Kinder legen sich das Tuch über den Kopf und spielen Gespenst
- Kinder binden sich das Tuch um
- Kinder werfen das Tuch hoch

Impulsgeleitetes Spiel:
- Was passiert beim schnellen Laufen mit dem Tuch? Was beim langsamen Laufen? Wie müsst ihr das Tuch halten, damit es am besten fliegt?
- Kann man das Tuch auch werfen? Und fangen?
- Denkt euch doch mal ein Kunststückchen mit dem Tuch aus, übt es und dann führen wir uns die Ergebnisse gegenseitig vor

Aufgabenorientiertes Spiel:
Die Kinder bewegen sich frei im Raum und sollen dabei mit beiden Händen ein Tuch so hoch wie möglich über dem Kopf halten. Je schneller sie laufen, desto mehr flattert das Tuch. Es fliegt fast waagerecht in der Luft, sodass jeder ein „Dach" über dem Kopf hat. Beim schnellen Laufen auf Signal das Tuch loslassen und durch die Luft fliegen lassen.

Mögliche Bewegungsgeschichte 1: Das Tuch ist das Segel und die Kinder sind die Schiffe.

Mögliche Bewegungsgeschichte 2: Nun machen wir einen Rundgang durch das Kaufhaus. Dabei kommen wir zuerst in die Schalabteilung in der es ganz viele verschiedene Tücher (Tücher) gibt. Jedes Kind kann sich eins aussuchen und zunächst anprobieren (um den Hals oder andere Körperteile wickeln) und anschließend ausprobieren, was man mit dem Tuch noch alles machen kann. Die Kinder demonstrieren ihre Übungen.

Hinweise:
- Jedes Kind soll sein Tuch verfolgen und sehen, wo es gelandet ist
- Das Tuch wird fallen gelassen, soll aber wieder aufgefangen werden, bevor es den Boden berührt
- Gibt es Unterschiede wenn im schnellen oder im langsamen Laufen das Tuch losgelassen wird?

Variationen:
- Mit einer Hand (I)
- „Klebende Tücher": Tuch am Bauch, an einer Hand, an den Armen halten und schnell laufen (II)
- Bevor das Tuch aufgefangen wird, ein- bis dreimal in die Hände klatschen (II)
- Die Kinder bilden einen Kreis, werfen das Tuch auf ein Kommando nach oben und versuchen, das Tuch ihres rechten (oder linken) Nachbarn zu fangen (II)

Hin und Her

Komplexität I	PRÄZISIONSDRUCK	STOPPEN	KICKEN	

Material: Hütchen, verschiedene Bälle

Freies Spiel – Erfahrungswerte:
- Kinder spielen alleine mit einem Ball und/oder mit einem Hütchen
- Kinder kicken oder werfen sich einen Ball zu
- Kinder versuchen, die Hütchen umzukicken oder umzuwerfen

Impulsgeleitetes Spiel:
- Heute sind wir alle Fußballer! Wir trainieren jetzt immer zu zweit. Geht zu zweit zusammen und probiert aus, was ihr machen könnt
- Könnt ihr den Ball stoppen, bevor ihr ihn zurückspielt?
- Wie kann man den Ball stoppen?

Aufgabenorientiertes Spiel:

Zwei Spieler spielen sich mit dem Fuß einen Ball durch zwei aufgestellte Hütchen zu. Das Zuspiel wird gestoppt, bevor der Rückpass erfolgt.

Mögliche Bewegungsgeschichte: Die Kinder sind Eichhörnchen, die sich eine Nuss zu kicken. Die beiden Hütchen sind Bäume, die nicht berührt werden dürfen.

Hinweise:

* Den Abstand der Spieler zu Beginn klein halten
* Später können der Abstand der Spieler und die Größe des Zieltores dem Leistungsstand der Kinder angepasst werden

Variationen:

* Innerhalb einer bestimmten Zeit sollen so viele Zuspiele wie möglich durchgeführt werden (I/II)
* Der Ball kann auch gerollt (I) oder mit dem Schläger zugespielt werden (II)
* Verschiedene Stopparten ausprobieren: mit der Sohle (I), der Fußinnenseite, Fußaußenseite, Knie (II) usw.

Wanderball

Komplexität I	WERFEN	FANGEN		

Material: Bodenmarkierungen, verschiedene Bälle

Freies Spiel – Erfahrungswerte:

Der Übungsleiter hat vor Stundenbeginn verschiedene Formen auf dem Boden markiert (Dreiecke, Rechtecke, Quadrate, Kreise, Ellipsen).

- Kinder „balancieren" auf den Bodenmarkierungen und erfassen damit die unterschiedlichen Formen
- Kinder versuchen, einen Ball auf den Markierungen zu rollen
- Kinder führen einen Ball mit dem Fuß auf den Markierungen
- Kinder führen einen Ball mit dem Schläger auf den Markierungen

Impulsgeleitetes Spiel:

- Seht ihr die Markierungen auf dem Boden? Wisst ihr, wie die Formen heißen? (Rechtecke und Quadrate werden meist als Vierecke bezeichnet, Unterschiede erfragen und von den Kindern beschreiben lassen). Schaut euch die Formen mal an. Ihr dürft auch Bälle nehmen, müsst aber nicht.
- Wie könnt ihr euch einen Ball zuspielen, wenn ihr zu zweit, zu dritt oder zu viert auf den Formen steht?
- Schafft ihr es gemeinsam, den Ball auf der Linie entlang zu führen, wenn ihr selbst neben den Markierungen steht?

Aufgabenorientiertes Spiel:
Die Idee des Spieles ist es, einen oder mehrere Bälle von Kind zu Kind
wandern zu lassen. Die Kinder können in einem Kreis, Drei- oder Viereck
oder in einer Schlangenlinie stehen. Die Abstände sollten zunächst so gewählt werden, dass der Ball einfach weitergegeben werden kann. Mit der
Zeit sollten die Abstände vergrößert werden, sodass auch das Werfen und
Fangen geübt werden kann.

Mögliche Bewegungsgeschichte: Der Ball ist eine Maus, die sehr neugierig
ist und deshalb gerne jedes Kind kennenlernen möchte. Zu Beginn ist sie
noch sehr vorsichtig (Ball übergeben), aber bald wird sie mutiger und
möchte ein bisschen hüpfen (Ball werfen). Wenn mit zwei Bällen gespielt
wird: Ein Ball ist die Maus, der andere die Katze. Die Maus wird so schnell
wie möglich von Hand zu Hand gegeben. Nach der zweiten oder dritten
Runde, kommt die hungrige Katze dazu und versucht, die Maus zu fangen.
Die Maus und die Katze jetzt zusammen im Kreis weitergegeben. Wird die
Katze die Maus erwischen?

Variationen:
- Auf ein Signal des ÜL wird die Richtung gewechselt (I/II)
- Mit zwei oder mehr (verschiedenen) Bällen gleichzeitig spielen (II/III)
- Im Sitzen, Kniestand oder Stehen (I)
- Die Kinder halten sich an den Händen. Der Ball wandert
  von Fuß zu Fuß weiter (II)
- Den Ball rückwärts, durch die Beine weitergeben (II)
- Den Ball zum gegenüber stehenden Kind werfen (II/III)

Fang den Luftballon

Komplexität I	FLUGBAHN DES BALLES ERKENNEN	LAUFWEG ZUM BALL BESTIMMEN	FANGEN	

Material: Luftballons

Freies Spiel – Erfahrungswerte:
- Kinder werfen den Luftballon hoch und versuchen, ihn wieder zu fangen
- Kinder kicken mit dem Luftballon (mit dem Fuß)
- Kinder versuchen, den Luftballon zu „köpfen"

Impulsgeleitetes Spiel:
- Wer kann den Ballon hochwerfen, sich drehen, und wieder fangen?
- Was könnt ihr noch machen, während der Ballon in der Luft ist?

Aufgabenorientiertes Spiel:
Alle Kinder stehen in einer Reihe, zunächst in Richtung des ÜL, später mit dem Rücken zum ÜL. Der ÜL ruft einen Namen. Das aufgerufene Kind versucht, den Luftballon zu fangen, der zu ihm geworfen wurde.

Mögliche Bewegungsgeschichte: Der ÜL ist ein Luftballon-Springbrunnen, der bunte Luftballons ausspuckt (hochspielt). Der Springbrunnen kann aber nicht nur Luftballons ausspucken, sondern auch reden, sodass er den Namen des Kindes sagen kann, das den Luftballon fangen soll.

Variationen:
- Die Kinder haben jeweils einen Schläger (Badminton oder Tischtennisschläger) in der Hand und sollen den Luftballon damit hochspielen (II)
- Die Kinder bringen den Luftballon so schnell wie möglich zurück. Dabei balancieren sie ihn auf beiden ausgestreckten Armen

Bälle legen

Komplexität I	Komplexität – Zeit			

Material: Hütchen, Reifen, Behälter für Bälle, verschiedene Bälle

Freies Spiel – Erfahrungswerte:
Der ÜL legt vor Stundenbeginn verschiedene Reifenbahnen aus.
Daneben stehen Behälter mit verschiedenen Bällen

- Kinder spielen alleine mit einem Ball
- Kinder kicken oder werfen sich einen Ball zu
- Kinder hüpfen von Reifen zu Reifen
- Kinder legen Bälle in Reifen
- Kinder werfen oder kicken in die Reifen

Impulsgeleitetes Spiel:
- Auf welche verschiedenen Arten können die Bälle in die Reifen transportiert werden?
- Könnt ihr die Bälle um die Reifen rollen, prellen usw.

Aufgabenorientiertes Spiel:
Es werden Teams aus je zwei Kinder gebildet. Die Teams stellen sich an eine Hallenseite jeweils an ein Hütchen. Vor ihnen liegt eine Reifenbahn mit vier bis sechs Reifen. Hinter den Teams steht der ÜL mit dem Ballkorb. Auf ein Signal läuft das erste Kind los, holt sich beim ÜL einen Ball und legt ihn in den ersten Reifen. Danach schlägt es das zweite Kind ab, das ebenfalls einen Ball beim ÜL holt und ihn in den zweiten Reifen legt. Haben alle Teams alle Reifen belegt, wird das Spiel rückwärts gespielt, bis alle Bälle wieder im Ballwagen sind.

Mögliche Bewegungsgeschichte: Die Kinder sind Bauern und pflanzen Kartoffeln (Bälle). Die kleinen Setzlinge müssen sie zunächst beim Großbauern (ÜL) abholen und dann in Reih und Glied ins Feld (Reifen) pflanzen. Sind alle Kartoffeln gesetzt, stellt der Großbauer fest, dass er die falsche Sorte herausgegeben hat, deshalb müssen alle Kartoffelsetzlinge wieder schnell zurück zum Großbauern.

Hinweise:

*   Bei jüngeren Kindern empfiehlt es sich, für jede Mannschaft eine eigene Reifenbahn auszulegen, sodass die Kinder besser erkennen können, welche Reifen sie schon belegt haben

Variationen:

*   Die Bälle werden zu den Reifen geprellt (III), gedribbelt (III) oder mit dem Schläger geführt (III)
*   Die Kinder laufen in verschiedenen Gangarten, z. B. rückwärts mit den Bällen zu den Reifen (II)

Eisenbahn

Komplexität I	KOMPLEXITÄT – PRÄZISION	VARIABILITÄT – PRÄZISION		

Material: Bodenmarkierungen (Linien), Aquasticks (Stäbe/Stöcke), Turn-bänke, Kästen

Freies Spiel – Erfahrungswerte:
Der ÜL markiert vor Stundenbeginn Gleise auf dem Boden. Kinder laufen auf den Gleisen und spielen Zug

*   Kinder legen selbst fest, wo ein Bahnhof zum Ein- und Aussteigen ist
*   Kinder verteilen Rollen (Lokführer, Fahrgäste, Wartende am Bahnhof, Schaffner/Kontrolleure)

Impulsgeleitetes Spiel:

*   Könnt ihr mir helfen, weitere Gleise zu bauen? Wie müssen wir die Schienen verlegen, damit wir alle gut aneinander vorbeifahren können?
*   Wer ist schon einmal mit dem Zug gefahren? Wie fährt denn der Zug eigentlich, hat er Räder? Seht ihr hier im Raum auch Gleise für den Zug? Dann dürft ihr losfahren.

Aufgabenorientiertes Spiel:
Zwei Kinder halten zwei Stäbe an den Enden fest und fahren wie eine Lo-komotive durch die Halle. Die Linien sind die Gleise. Bänke, Kästen und andere Geräte dienen als Tunnel, Brücken und Bahnhöfe.

Hinweise:

*   Gemeinsam die „Eisenbahn-Welt" aufbauen; es können auch Passagiere mit fahren, die sich zwischen den Stäben (Seilen) bewegen
*   Als Material lassen sich auch Naturholzstücke, Latten, Bambusstöcke usw. einsetzen

Variationen:

*   Ein Kind „fährt" vorwärts, das andere Kind als Anhänger „rückwärts"; Rollenwechsel an einem „Abstellgleis" (II)
*   Mehrere Kinder an einem Seil: Lokomotive und Anhänger (II)

Giftige Bälle

Komplexität	LÜCKE	VARIABILITÄT –		
I	ERKENNEN	ZEIT		

Material: Kleine Kästen, Bälle

Freies Spiel – Erfahrungswerte:
Der ÜL stellt vor Stundenbeginn mehrere Kleine Kästen im Raum verteilt auf. Verschiedene Bälle stehen in einem Korb bereit. Die Kinder dürfen sich frei im Raum mit oder ohne Ball bewegen.

- Kinder laufen um die Kästen herum
- Kinder klettern auf die Kästen und wieder runter
- Kinder springen von den Kästen
- Kinder laufen mit dem Ball durch die Halle und benutzen die Kästen als Tore

Impulsgeleitetes Spiel:

- Stellt euch vor, die Kästen sind giftige Pflanzen. Ihr dürft sie nicht berühren, wenn ihr durch die Halle lauft
- Schafft ihr es, eure Bälle zum anderen Ende der Halle zu bekommen, ohne dass die Bälle vergiftet werden?

Aufgabenorientiertes Spiel:
Der ÜL ist zu Beginn der alleinige Ballroller. Alle Kinder stellen sich an einer Wand auf und rennen von dieser zur gegenüberliegenden Wand. Währenddessen rollt der ÜL die Bälle quer durch das Feld. Die Kinder dürfen die Bälle nicht berühren, sonst werden auch sie zu Ballrollern.

Mögliche Bewegungsgeschichte: Die Ballroller sind Schlangen, die giftige Kugeln (Bälle) hin und her rollen. Wer die Kugeln berührt verwandelt sich auch in eine Schlange.

Variationen:
- Die Kinder laufen rückwärts, seitwärts usw. (II)
- Zwei Kinder nehmen sich an der Hand (II)
- Zwei Kinder laufen hintereinander (II)
- Alle Kinder laufen in einer Schlange hintereinander. Die Schlange windet sich. Dadurch können alle Kinder ausweichen (II/III)

4- bis 5-jährige Kinder

Hinterher

Komplexität II	FLUGBAHN DES BALLES ERKENNEN	WERFEN	FANGEN	

Material: Verschiedene Bälle

Freies Spiel – Erfahrungswerte:
Heute sind die Bälle eure Hunde und wir sind hier auf einer Hundespielwiese.
*   Kinder werfen oder rollen die Bälle weg und laufen ihnen hinterher, um sie wieder zu fangen oder zu holen
*   Kinder geben ihren Hunden Namen
*   Kinder nehmen ihre Hunde auf den Schoß oder füttern sie

Impulsgeleitetes Spiel:
*   Kann euer Hund schon ein bisschen langsamer laufen? Und jetzt ein bisschen schneller?
*   Eure Hunde sind noch ganz jung und nicht so gut erzogen. Sie laufen immer wieder weg und ihr müsst hinterherlaufen

Aufgabenorientiertes Spiel:
Die Kinder werden in zwei gleichgroße Gruppen geteilt. Die beiden Gruppen stehen sich in einigen Metern Entfernung gegenüber. Ein Kind, das vorne steht, bekommt einen Ball. Es wirft ihn dem Kind gegenüber zu, läuft dem Ball nach und stellt sich in der gegenüberliegenden Gruppe hinten an. Der Ball wird solange hin- und hergeworfen, bis alle Kinder die Seiten gewechselt haben oder alle wieder an ihrem Platz stehen.

Hinweise:
- Je nach Gruppengröße kann auch mit zwei Mannschaften gespielt werden

Variationen:
- Die Wurfarten variieren, z. B. beidhändig, Überkopf, mit der „verkehrten" Hand
- Mit einem Ball prellen (III) oder mit dem Fuß dribbeln (III)
- Den Ball auf dem (Tennis-)Schläger transportieren (III)

Ballartist

Komplexität II	ORGANISATION – PRÄZISION	KOMPLEXITÄT – PRÄZISION		

Material: Verschiedene Bälle

Freies Spiel – Erfahrungswerte:
- Kinder spielen alleine mit einem Ball
- Kinder kicken oder werfen sich einen Ball zu
- Kinder probieren Kunststücke mit dem Ball aus
- Kinder werfen oder kicken an die Wand

Impulsgeleitetes Spiel:
- Jedes Kind erhält einen Ball. Nach freiem Spielen zeigen die Kinder, was sie ausprobiert haben
- Die Artisten (Kinder) machen verschiedene Kunsttücke mit dem Ball vor

Aufgabenorientiertes Spiel:
Jedes Kind erhält einen Ball. Der ÜL stellt verschiedene Figuren zum Nachmachen vor:
- Kette: aus einer breiten Liegestützposition über dem Ball langsam vor und zurückrollen
- Flieger: aus einer breiten Liegestützposition über dem Ball entweder die Arme zur Seite strecken oder die Füße in die Luft heben oder Arme und Füße haben keine Bodenkontakt

- Brücke: Kinder liegen mit dem Rücken auf dem Ball und rollen langsam vor und zurück
- Schranke: die Füße liegen auf dem Ball, der Po und/oder ein Bein wird angehoben
- Tunnel-Ballstaffel: In einer oder mehreren Gruppen befinden sich alle Kinder in der Liegestützposition (Füße auf den Bällen) und ein Kind krabbelt durch den Tunnel (II)
- Im Spinnengang einen Ball auf dem Bauch balancieren (II/III)
- Transporter: der Ball wird im Rücken von beiden Kindern einge-klemmt – vorwärtsgehen oder in die Hocke gehen
- Postbote: zwei Kinder liegen jeweils bäuchlings auf einem Ball und reichen sich einen Zettel zu (II)
- Rohes Ei: zwei Kinder sitzen jeweils auf einem Ball und werfen sich einen Ball zu (III)

Variationen:
- Die Kinder wechseln ihre Bälle (II)

Hütchenwald

Komplexität II	PRELLEN	DRIBBELN	KOMPLEXITÄT – ZEIT & PRÄZISION	

Material: Hütchen, Becher, Kartons, Aquasticks oder andere Schläger, Reifen, verschiedene Bälle

Freies Spiel – Erfahrungswerte:

- Kinder laufen um die Hütchen herum
- Kinder kicken auf die Hütchen
- Kinder bauen die Hütchen um oder setzen sie sich auf den Kopf
- Kinder werfen im Hütchenwald Bälle oder andere Gegenstände hoch
- Kinder prellen, dribbeln, schlagen (Aquasticks) oder schieben Bälle durch den Hütchenwald

Impulsgeleitetes Spiel:

- Wer kennt einen guten Weg durch den Hütchenwald?
- Gibt es Bäume hier im Wald, die gefällt oder umgepflanzt werden müssen, damit man besser durchkommt?
- Wollen wir einen Weg bauen, auf dem man ungehindert laufen kann?

Aufgabenorientiertes Spiel:

Mit den Hütchen oder anderen Kleinmaterialien (Kästen, Joghurtbecher usw.) werden unterschiedliche Slalomstrecken aufgebaut. Jedes Kind hat einen Ball. Die Kinder haben die Aufgabe die Strecke mit einem Ball zu durchqueren, ohne ein Hindernis zu berühren. Der Ball wird gerollt, geprellt, gedribbelt oder mit einem Schläger (Reifen) geführt.

Mögliche Bewegungsgeschichte: Die Hütchen sind Bäume im Wald, die nicht berührt werden dürfen. Wenn kleine Hindernisse eingebaut werden, können dies umgestürzte Bäume oder kleine Sträucher sein, die überwunden werden müssen.

Hinweise:

- Die Anordnung der Hindernisse dem Können der Kinder anpassen
- Unterschiedliche Bälle und verschiedene Prell- bzw. Dribbelarten (beidhändig, links, rechts) berücksichtigen

Variationen:

- Auf dem Hinweg Slalom, Rückweg Tempoprellen, -dribbling (III)
- Mit einem Tennisschläger Ball balancieren (II)
- Ein oder zwei Bälle auf der Hand balancieren (II)
- Im Spinnengang einen Ball auf dem Bauch durch den Parcours balancieren (III)

Sandsäckchen-Rundlauf

Komplexität II	Präzisionsdruck	Komplexität – Präzision	Werfen	

Material: Malerkrepp, Sandsäckchen, Reifen, Kleiner Kasten, Turnbank

Freies Spiel – Erfahrungswerte:
• Kinder werfen das Sandsäckchen hoch und versuchen,

es wieder zu fangen
• Kinder legen sich das Sandsäckchen auf den Kopf
• Kinder fragen ÜL, was in dem Säckchen ist
• Kinder werfen sich die Sandsäckchen auf unterschiedliche Arten zu

Impulsgeleitetes Spiel:
• Auf welchen Körperteilen könnt ihr das Sandsäckchen transportieren?
• Bleibt irgendwo im Raum stehen und sucht euch einen Punkt, eine Linie, einen Gegenstand, wohin ihr das Säckchen werfen wollt. Schafft ihr es?

Aufgabenorientiertes Spiel: (vgl. Gulden & Scheer, 2011)
Es wird mit Malerkrepp ein Kästchenfeld auf den Boden geklebt. Die Größe und Form können selbst bestimmt werden und jedes Mal variieren. Die Kinder bekommen ein Sandsäckchen und werfen es in ein zuvor vereinbartes Feld. Danach springen sie über das Sandsäckchen, nehmen es auf und laufen zu einem Reifen. Von ihm aus werfen sie das Sandsäckchen in einen kleinen Kasten. Danach holen sie es aus dem Kasten und laufen über eine Bank, bevor sie sich wieder in die Reihe stellen.

Mögliche Bewegungsgeschichte: Die Kinder sind im Wildgehege, wo viele verschiedene Waldtiere leben (das Kästchenfeld ist ein Hirsch, der kleine Kasten ein Wildschwein, der Reifen ein Reh) Sie haben immer sehr viel Hunger und wollen von Kindern gefüttert werden. Die Tiere mögen am liebsten Maiskörner (Sandsäckchen), die sich die Kinder vorher beim Förster (ÜL) holen können.

Hinweise:
* Kinder, die schon sicher balancieren, können das Sandsäckchen auf der Bank zwei- bis dreimal hochwerfen und wieder fangen

Variationen:
* Die Wurfarten variieren, z. B. beidhändig, Überkopf, mit der „verkehrten" Hand (II)

Reifenhockey

Komplexität II	ORGANISATION – PRÄZISION	KOMPLEXITÄT – PRÄZISION	SCHLAGEN	

Material: Reifen, Hütchen, Bälle

Freies Spiel – Erfahrungswerte:
- Kinder spielen entweder nur mit Reifen oder nur mit Bällen
- Kinder legen den Reifen auf den Boden und hüpfen hinein
- Kinder sammeln Bälle in den liegenden Reifen
- Kinder kicken oder werfen sich einen Ball zu
- Kinder legen Bälle in Reifen
- Kinder werfen oder kicken in die Reifen

Impulsgeleitetes Spiel:
- Heute sind wir im Reifen-Land. Dort spielen die Kinder mit den Reifen Hockey. Schafft ihr es, den Ball mit dem Reifen zu rollen?

Aufgabenorientiertes Spiel:
Jedes Kind hat einen Gymnastikreifen (alternativ Fahrradmantel) und einen Ball. Der Ball wird mit Hilfe des Reifens in Bewegung gesetzt und durch einen Parcours gespielt.

Mögliche Bewegungsgeschichte: Durch den ganzen Umzug gibt es viel Müll (Bälle, Luftballons), der beseitigt werden muss. Die Kinder sind Müllmänner und transportieren den Müll zur Müllhalde (mit einem Reifen oder einem Hockeyschläger). Die Straßen (Seile oder Hütchen) sind nicht ganz gleichmäßig. Es gibt Kurven und Hindernisse, die die Müllmänner umfahren müssen, ohne dabei ihren Müll zu verlieren (ans Ende der Straße einen Reifen legen, in den die Kinder ihren Müll ablegen können).

Hinweise:
- Der Parcours kann zunächst auch ohne Ball durchquert werden
- Der Parcours kann aus unterschiedlich versetzten Hütchen oder Gymnastikreifen bestehen, um das „Kurvenfahren" zu fördern

Variationen:
- Zwei Kinder tauschen die Bälle aus, wobei nur die Reifen die Bälle berühren dürfen (II)
- Vorwärts gehen, d. h. ohne Blickkontrolle zum Ball (III)
- Mit zwei Bällen (III)
- Statt eines Gymnastikreifens wird eine Fliegenklatsche, ein Badminton- oder ein Tischtennisschläger verwendet, um einen (Tisch-)Tennisball vorwärts zu treiben (II)

Fang das Tuch

Komplexität II	LAUFWEG ZUM BALL BESTIMMEN	FANGEN	KOMPLEXITÄT – ZEIT	

Material: Tücher, Bälle

Freies Spiel – Erfahrungswerte:

- Kinder werfen und fangen die Tücher
- Kinder werfen sich die Tücher zu
- Kinder versuchen, die Tücher gegenseitig zu „klauen"

Impulsgeleitetes Spiel:

- Wer kann die Tücher, auf dem Kopf, den ausgestreckten Armen usw. balancieren?
- Könnt ihr das Tuch mit dem Fuß hochkicken und fangen?

Aufgabenorientiertes Spiel:

Jedes Kind nimmt ein Tuch und sucht einen Partner. Zwei Kinder stellen sich mit geringem Abstand voneinander auf und schauen sich an. Sie werfen ihr Tuch gleichzeitig so hoch sie können in die Luft. Dann laufen sie schnell auf den Platz des anderen Kindes und fangen dort dessen Tuch auf, bevor es den Boden berührt.

Mögliche Bewegungsgeschichte: Die Tücher sind kleine Feen, die gerade erst das Fliegen lernen. Deshalb muss man aufpassen, dass man sie wieder auffängt, bevor sie auf dem Boden landen. Die Feen haben großen Spaß am Fliegen, die Kinder sollen die Tücher möglichst hoch werfen.

Variationen:
- Die Kinder erweitern selbstständig den Abstand (II)
- Die Paare suchen verschiedene Alltagsmaterialien aus, die sie zwischen sich in die Mitte legen. Die Kinder sollen diese Hindernisse überspringen oder umlaufen, bevor sie das Tuch auffangen. Achtung: die Kinder müssen gut aufpassen, damit es zu keinen Zusammenstößen kommt (III)
- Beim Platzwechsel den Partner abklatschen oder die Hand schütteln und „Guten Tag" sagen, das Lieblingsessen nennen usw. (III)

Umfaller

Komplexität II	KICKEN	SCHLAGEN	WERFEN	PRÄZISIONSDRUCK

Material: Turnbank, Hütchen, Kegel, Joghurtbecher und andere Gegenstände, die umgeworfen oder umgeschossen werfen können, verschiedene Bälle

Freies Spiel – Erfahrungswerte:

Der ÜL baut vor der Stunde Stationen auf: einen Reifen, in dem mehrere Kegel stehen, einen kleinen Kasten mit Joghurtbechern darauf, einen weiteren Reifen mit Hütchen usw. Als Hinweis wird nur gesagt, dass man wieder aufstellen muss, was umgefallen ist.
* Kinder werfen auf die Gegenstände
* Kinder kicken auf die Gegenstände

Impulsgeleitetes Spiel:
* Abwerfen/Kicken: Aus welcher Entfernung klappt es noch und wann steht ihr zu weit weg?
* Abwerfen/Kicken: Habt ihr es schon mal beidhändig/einhändig/mit rechts oder mit links (Hand und Fuß) versucht?

Aufgabenorientiertes Spiel:
Jedes Kind hat einen Ball. Die Kinder kicken, schlagen, werfen oder rollen den Ball aus frei wählbaren Entfernungen auf selbst festgelegte Ziele. Wenn alles umgefallen ist, bauen die Kinder die Ziele wieder auf.

Mögliche Bewegungsgeschichte: Die Pharaonen möchten gerne kicken. Dazu werden an einer Hallenseite Pyramiden (Hütchen) aufgebaut, die getroffen werden sollen.

Hinweise:

- Ziele können sein: Kegel, Dosen, Hütchen, Schachteln, Klötze oder mit Wasser gefüllte Plastikflaschen (nur halb füllen, damit sie noch umgeworfen werden können)
- Bei vielen Kindern können auch zwei Gruppen auf getrennten Feldern spielen
- Die Ziele können sich vor einer Wand befinden, damit das Aufsammeln der Bälle erleichtert wird oder es werden zwei Bänke auf die Seite gekippt und mit der Sitzfläche innen liegend wie ein V gelegt. Mehrere Gegenstände können in diesem spitzen Winkel aufgestellt werden

Variationen:

- Aus der Sitzposition, dem Kniestand usw. (II/III)
- Abstand variieren (I/II/III)
- Kick-, Schlag-, Wurf- und Rollarten vielfältig variieren (III)

Farbenball

Komplexität II	DRIBBELN	KOMPLEXITÄT – ZEIT & PRÄZISION		

Material: Bodenmarkierungen, verschiedene Bälle

Freies Spiel – Erfahrungswerte:

Der ÜL bringt vor Stundenbeginn viele kleine Markierungen auf dem Boden an.

* Kinder umprellen oder umdribbeln die Markierungen
* Kinder stellen sich auf die Markierungen und werfen oder kicken sich den Ball zu

Impulsgeleitetes Spiel:

* Wer kann so fest auf die Markierungen prellen, dass der Ball hochfliegt und gefangen werden kann?
* Tauscht eure Bälle solange bis jedes Kind alle Farben gehabt hat

Aufgabenorientiertes Spiel:
Die Kinder werden in gleich große Gruppen eingeteilt. Jedes Kind einer Gruppe bekommt einen Ball der gleichen Farbe. Zu Beginn laufen alle im Raum umher und dribbeln ihre Bälle. Dann wird eine Farbe gerufen. Die Kinder der Gruppe, deren Farbe gerufen wurde, bleiben sofort stehen und bilden in Grätschstellung eine Brücke. Die Kinder der anderen Gruppen kriechen durch die Brücke hindurch. Dann beginnt der nächste Durchgang.

Mögliche Bewegungsgeschichte: Heute sind unsere Bälle kleine, vorwitzige Flöhe, die die ganze Zeit über hüpfen wollen. Die Bodenmarkierungen sind winzige Trampoline für die Flöhe. Lauft herum und lasst eure Flöhe hüpfen und lasst sie die Trampoline ausprobieren.

Oder: Die Kinder sind in der Malerwerkstatt und haben dort die Bälle in unterschiedlichen Farben bemalt. Jetzt spielen sie mit den Bällen und dribbeln im Raum umher. Da kommt der Malermeister (ÜL) und möchte gerne wissen, ob die Kinder schon die Farben kennen, deshalb ruft er den Kindern verschiedene Farben zu. Die Kinder mit der entsprechenden Ballfarbe müssen dann möglichst schnell stehenbleiben und befreit werden. Der Malermeister kann auch eine (Ball-)Farbe rufen, die gar nicht vorkommt.

Hinweise:
- Als Einstimmung die Kinder die Bälle nach Farben sortieren lassen
- Zu Beginn die Farben in gleicher Reihenfolge nennen. Später kann die Übung dadurch erschwert werden, dass die Reihenfolge der Farben unregelmäßig genannt wird

Variationen:
- Die Bodenmarkierungen werden umdribbelt (II/III)
- Der Ball wird auf den Bodenmarkierungen gestoppt, wenn alle stehen auf Zeichen des ÜL weiter dribbeln (II)
- Der Ball wird mit der Hand geprellt (II)
- Der Ball wird im Laufen hochgeworfen und wieder gefangen (III)

Blickball

Komplexität II	WERFEN	FANGEN		

Material: Verschiedene Bälle

Freies Spiel – Erfahrungswerte:
- Kinder spielen alleine mit einem Ball
- Kinder kicken oder werfen sich einen Ball zu
- Kinder kicken/werfen an eine Wand und stoppen/fangen den Ball
- Kinder suchen sich Ziele/Tore und kicken/werfen auf sie

Impulsgeleitetes Spiel:
- Probiert viele Ideen aus, wie ihr den Ball zu den anderen Kindern werfen könnt
- Probiert viele Ideen aus, wie ihr den Ball fangen könnt

Aufgabenorientiertes Spiel:
Die Kinder stehen in einem Kreis und haben einen Ball. Er wird immer zu dem Kind geworfen, das auch angeschaut wird.

Mögliche Bewegungsgeschichte: Die Kinder sind im Schweigeland, in dem man sich nur mit Blicken und Gesten verständigen kann.

Hinweise:
- Am Anfang keine Doppelpässe zulassen
- Den Abstand der Kinder im Kreis nicht zu eng wählen
- Zunächst kann der Namen mit gerufen werden

Variationen:
- Kreisformation verändern: Viereck, Dreieck, Ellipse usw. (II)
- Wurfarten variieren, z. B. beidhändig, Überkopf, mit der „verkehrten" Hand (II/III)
- Mit der Hand rollen, mit dem Fuß kicken oder mit dem Schläger spielen (II)
- Nach Abspiel auf die zugespielte Stelle wechseln (II)

Zaubertuchball

Komplexität II	SPIELPUNKT DES BALLES BESTIMMEN	FANGEN		

Material: Ogo Schläger, Tücher, Bälle (möglichst leicht, auch Luftballons, Tischtennisbälle usw.)

Freies Spiel – Erfahrungswerte:

Für das freie Spiel werden Ogo Schläger und Bälle bereitgestellt.
- Kinder lassen den Ball auf dem Schlägertuch hüpfen
- Kinder versuchen, den Ball mit dem Schlägertuch möglichst weit weg bzw. möglichst hoch zu schlagen
- Kinder versuchen, mit dem Ball Ziele (Reifen) oder Linien zu treffen

Impulsgeleitetes Spiel:
- Stellt euch vor, der Schläger ist ein Trampolin. Er sieht ja auch schon ein bisschen so aus. Die Bälle sind junge Grashüpfer, die immer wieder springen wollen. Passt auf, dass sie nicht allzu oft runterfallen

Aufgabenorientiertes Spiel:
Es stehen sich jeweils zwei Kinder gegenüber und halten, an den jeweiligen Enden, mit beiden Händen ein Handtuch oder Tuch. Das gespannte Tuch kann man als Ballpritsche benutzen und sich so den Ball zuspielen bzw. auffangen.

Mögliche Bewegungsgeschichte: Die Kinder stellen sich in eine Reihe und geben die Waren (Bälle) von einem Tuch zum nächsten weiter. Am Ende der Reihe steht ein Güterwaggon (Kasten oder Reifen), in den die Waren abgelegt werden.

Oder: Die Eier (Bälle) werden im Raum verteilt und müssen schnell wieder mit dem Tuch in das Nest (kleiner Kasten) zurück gebracht werden.

Variationen:
*   Der Ball muss durch die Halle transportiert werden, dabei können Hindernisse (z. B. Bank, Kleiner Kasten) vorwärts oder auch rückwärts überwunden werden (III)
*   Kreisaufstellung: die Kinder geben einen Ball oder mehrere Bälle im Kreis weiter (II/III)
*   Aufstellung in anderen geometrischen Formen (II/III)

Einfangen

Komplexität II	KICKEN	SCHLAGEN	STOPPEN	KOMPLEXITÄT – ZEIT

Material: Markierung (Linie, Hütchen, Kegel), verschiedene Bälle

Freies Spiel – Erfahrungswerte:
- Kinder spielen alleine mit einem Ball
- Kinder kicken oder werfen sich einen Ball zu
- Kinder kicken/werfen auf die Markierung
- Kinder suchen sich Ziele/Tore und kicken/werfen auf sie

Impulsgeleitetes Spiel:
- Den Kindern viel Probe- und Experimentierzeit geben
- Ideen vorführen lassen

Aufgabenorientiertes Spiel:
Einen Ball von einer Markierung (Linie, Hütchen, Kegel usw.) wegrollen (Hand), wegstoßen (Fuß) oder wegschlagen (Schläger). Nachlaufen – mit oder ohne Zusatzaufgabe – und den Ball stoppen bzw. vor einer weiteren Markierung einfangen. Als Partnerübung: Die Kinder gehen zu zweit zusammen. Ein Kind steht hinter dem anderen, das hintere schießt den Ball durch die Beine oder wirft ihn über den Kopf des vorderen Kindes, das versucht, den Ball so schnell wie möglich zu fangen.

Mögliche Bewegungsgeschichte: Die Bälle sind die Autos und unsere Füße der Motor. Alle Kinder stehen mit ihrem Auto in einer Reihe. Auf ein Signal werden die Autos nach vorne geschossen. „Welches Auto ist am schnellsten?" Die Autos können rückwärts oder mit rechts/links gekickt werden und anschließend mit verschiedenen Körperteilen „gebremst" werden.

Hinweise:
- Auf den Abstand der Kinder zueinander achten (genügend Raum)

Variationen:

- Im Sitzen den Ball mit den Füßen vorwärts stoßen
  (auf Kommando) (II)
- Mit unterschiedlichen Körperteilen den Ball stoppen
  (Ellenbogen, Kopf, Po, Sohle, Knie) (III)
- Wir laufen mit dem Ball um die Wette. Wer ist schneller? (II/III)
- Aus unterschiedlichen Körperlagen starten, z. B. mit dem Rücken zur
  Wurfrichtung oder den Ball durch die gegrätschten Beine rollen (III)
- Zwei Bälle (III)
- In unterschiedlichen Gangarten dem Ball nachlaufen,
  z. B. hüpfend, rückwärts usw. (III)
- Nach dem Stoppen den Ball dribbelnd oder prellend zur Linie
  zurückspielen (III)
- Zusatzaufgaben: Vor dem Aufnehmen des Balles: über den Ball
  springen, Hände über den Kopf Klatschen, Hände auf den Boden
  Klatschen (III)

Jeder verteidigt seinen Ball

Komplexität II	DRIBBELN			

Material: Kleine Kästen, verschiedene Bälle

Freies Spiel – Erfahrungswerte:
- Kinder spielen alleine mit einem Ball
- Kinder kicken oder werfen sich einen Ball zu
- Kinder kicken/werfen an eine Wand und stoppen/fangen den Ball
- Kinder suchen sich Ziele/Tore und kicken/werfen auf sie

Impulsgeleitetes Spiel:
- Ein Kind rollt oder schießt seinen Ball weg. Wer kann den Ball treffen (Werfen, Schießen)?
- Wer möchte einen Kasten bewachen? Die anderen Kinder versuchen, ihren Ball in einen der Kästen hinein zu bringen

Aufgabenorientiertes Spiel:
Jedes Kind hat einen Ball, den es zu verteidigen gilt. Die Kinder dribbeln mit dem Ball durch den Raum. In der Spielzone ist ein Räuber (ÜL), der versucht, einem der Kinder den Ball abzunehmen. Gelingt es ihm, wird dieser Ball aus dem Spiel genommen. Das Kind ohne Ball hilft nun dem ÜL, einem anderen Kind den Ball abzunehmen usw. Wer bleibt als letzter übrig?

Mögliche Bewegungsgeschichte: Der ÜL ist ein Räuber, der am liebsten Bälle klaut. Hat er es geschafft, einem Kind den Ball zu klauen, kommt dieser in die Räuberkiste (z. B. einen Kleinen Kasten) und das Kind wird auch zum Räuber.

Hinweise:
- Beim Dribbeln Zusammenstöße vermeiden
- Ball eng am Fuß führen
- Wenn die Kinder mit diesem Spiel vertraut sind, kann anstatt des ÜL auch ein Kind anfangen

Variationen:

- Der Ball kann auch mit der Hand geprellt (III) oder mit einem Hockeyschläger geführt werden (III)

Ballontreiben

Komplexität II	SCHLAGEN	KOMPLEXITÄT – ZEIT & PRÄZISION	BALLBESITZ KOOPERATIV SICHERN	

Material: Hütchen, Luftballons

Freies Spiel – Erfahrungswerte:
- Kinder spielen alleine mit einem Luftballon
- Kinder schlagen, kicken oder werfen sich einen Luftballon zu

Impulsgeleitetes Spiel:
- Den Kindern viel Probe- und Experimentierzeit geben
- Ideen vorführen lassen

Aufgabenorientiertes Spiel:

Es werden zwei gleich große Teams gebildet. Jedes Team erhält die gleiche Anzahl von Luftballon. Die Aufgabe besteht darin, die Luftballons über eine bestimmte Strecke in ein Ziel zu treiben. Sie dürfen nur geschlagen und nicht festgehalten oder irgendwie eingefangen werden. Welches Team treibt seine Luftballons zuerst ins Ziel?

Mögliche Bewegungsgeschichte: Die Luftballons sind Blätter, die von den Bäumen geweht wurden und zusammengefegt werden müssen. Es gibt zwei Kehrmaschinen (zwei Teams), die versuchen möglichst schnell die Blätter von der Straße zu fegen, damit es keinen Unfall gibt.

Hinweise:
- Die Strecke mit Hütchen festlegen
- Die Strecke sollte ausreichend lang sein, damit die Kinder eigene Handlungsstrategien entfalten können

Variationen:
- Zur Förderung des Ballgefühls auch Spieltechniken mit Fuß, Arm, Hand, Faust, Kopf zulassen (III)
- Kleine Hindernisse oder Markierungen umlaufen (II/III)
- Kleine Hindernisse oder Markierungen als Wendemale nutzen (II/III)

Musikstopp

Komplexität II	KOMPLEXITÄT – PRÄZISION	PRELLEN	FANGEN	

Material: Reifen, verschiedene Bälle, Musik

Freies Spiel – Erfahrungswerte:
- Kinder spielen entweder nur mit Reifen oder nur mit Bällen
- Kinder legen den Reifen auf den Boden und hüpfen hinein
- Kinder sammeln Bälle in den liegenden Reifen
- Kinder kicken oder werfen sich einen Ball zu
- Kinder werfen oder kicken in/durch die Reifen

Impulsgeleitetes Spiel:
- Wer kann mit dem Ball zu der Musik tanzen?
- Spielt mit dem Ball (ohne Musik) und singt gleichzeitig ein Lied

Aufgabenorientiertes Spiel: (vgl. Gulden & Scheer, 2011)
Für jedes Kind liegt ein Ball in einem Reifen im Raum verteilt. Die Kinder laufen und hüpfen kreuz und quer durch die Halle und es wird Musik abgespielt. Wenn die Musik verstummt, sollen die Kinder sich jeweils einen Ball suchen und verschiedene Bewegungsaufgaben erfüllen, z. B.: um einen Ball herum laufen, über einen Ball springen, einen Ball aufheben und prellen, Ball hochwerfen und fangen, den Ball mit verschiedenen Körperteilen berühren usw. Zu jeder Aufgabe kann eine Zahl angeben werden, wie oft die Übung ausgeführt werden soll. Nach jeder Aufgabe wird die Musik weitergespielt und die Kinder laufen wieder kreuz und quer durch die Halle. Wenn die Musik gestoppt wird, sollen die Kinder die nächste Aufgabe erfüllen.

Mögliche Bewegungsgeschichte: Die Kinder sind im Bälleparadies, in dem viele verschiedene Bälle in ihren kleinen Häuschen (Reifen) wohnen. Die Bälle freuen sich immer, wenn die Kinder sie in ihrem Häuschen besuchen und mit ihnen spielen. Da die Bälle gerne viele verschiedene Kinder kennenlernen wollen, freuen sie sich besonders, wenn jedes Mal beim Musikstopp ein anderes Kind vorbeikommt.

Hinweise:
- Möglichst unterschiedliche Bälle verwenden
  (Größe, Gewicht, Prellbarkeit)

Variationen:
- Um die Aufgabe zu erschweren, können Hindernisse im Raum
  aufgestellt werden, die während der Musik übersprungen werden
  sollen (Hütchen, Turnmatten, Turnbank – im Hocksprung überhüpfen,
  usw.) (III)

Zielreifen

Komplexität II	PRÄZISIONSDRUCK			

Material: Reifen, verschiedene Bälle, Musik

Freies Spiel – Erfahrungswerte:
- Kinder spielen entweder nur mit Reifen oder nur mit Bällen
- Kinder legen den Reifen auf den Boden und hüpfen hinein
- Kinder sammeln Bälle in den liegenden Reifen
- Kinder kicken oder werfen sich einen Ball zu
- Kinder werfen oder kicken in/durch die Reifen

Impulsgeleitetes Spiel:
- Wer kann mit dem Ball zu der Musik tanzen?
- Spielt mit dem Ball (ohne Musik) und singt gleichzeitig ein Lied

Aufgabenorientiertes Spiel:
A und B stehen einige Meter auseinander. Dazwischen steht C mit einem Reifen. A versucht, einen Ball so zu rollen, dass dieser durch den Reifen zu B rollt und umgekehrt.

Mögliche Bewegungsgeschichte: Die Kinder sind Osterhasen und hüpfen im Raum herum. Auf dem Boden liegt für jeden Osterhasen ein Nest (Reifen). Es wird Musik abgespielt. Wenn die Musik gestoppt wird, sucht sich jeder Osterhase ein Nest, in das es sich reinsetzt oder -stellt. Nach jedem Durchgang wird ein Nest entfernt, d. h. die Osterhasen müssen sich zu zweit, dritt usw. ein Nest teilen, bis am Ende alle in einem Nest stehen.

Hinweise:
- Nicht zu kleine Bälle einsetzen, die durch Berührung des Reifens leicht umgelenkt werden
- Vereinbarung über den Wechsel des Reifenhalters treffen

Variationen:
- C hält zwei Reifen (II)
- Statt eines anderen Kindes, das den Ball auf der anderen Seite des Reifens auffängt, den Ball durch den Reifen rollen und ihn danach selbst möglichst schnell wieder einfangen (II/III)
- Mit dem Fuß den Ball stoßen, mit der Hand rollen, mit einem Schläger spielen oder durch den Reifen werfen (dabei den Reifen etwas höher halten) (I/II/III)
- Alle Kinder stehen auf der Längsseite der Halle mit jeweils einem Ball. Der ÜL rollt einen Pezziball oder Reifen durch die Halle und die Kinder versuchen, den Pezziball mit ihren Bällen rollend, werfend oder kickend zu treffen bzw. durch den Reifen zu rollen/werfen/kicken (III)

Dinofußball

Komplexität II	LÜCKE ERKENNEN	KICKEN	SPIELPUNKT DES BALLES BESTIMMEN	

Material: Verschiedene Bälle

Freies Spiel – Erfahrungswerte:
- Kinder spielen alleine mit einem Ball
- Kinder kicken oder werfen sich einen Ball zu
- Kinder kicken/werfen an eine Wand und stoppen/fangen den Ball
- Kinder suchen sich Ziele/Tore und kicken/werfen auf sie

Impulsgeleitetes Spiel:
- Heute sind wir alle Fußballer! Wir trainieren jetzt immer zu zweit. Geht zu zweit zusammen und probiert aus, was ihr machen könnt
- Könnt ihr den Ball stoppen, bevor ihr ihn zurückspielt?
- Wie kann man den Ball stoppen?

Aufgabenorientiertes Spiel:
Die Kinder bilden einen Kreis und halten sich an den Händen. Der Abstand zwischen den Kindern liegt bei ca. einem Meter. Die Aufgabe besteht darin, den Spielball zwischen zwei Kindern aus dem Kreis zu kicken. Damit übernehmen die Spieler beide Aufgaben: Torhüter und Torschütze.

Mögliche Bewegungsgeschichte: Die Dinosaurier, genauer gesagt die Brontosaurier (Kinder), spielen ein bisschen anders Fußball als die Menschen. Weil sie sehr groß sind und nicht so schnell laufen können spielen sie Fußball im Kreis.

Hinweise:
- Der Ball darf auch mit den Händen gestoppt werden
- Der ÜL hält weitere Bälle bereit

Variationen:
- Formationen: Dreieck, Viereck, Fünfeck, Ellipse (II/III)
- Kickvariationen: mit der Innenseite, der Fußspitze, der Außenseite (II/III)

Über die Mitte

Komplexität	LÜCKE	ANBIETEN &	LAUFWEG ZUM	
II	ERKENNEN	ORIENTIEREN	BALL BESTIMMEN	

Material: Hütchen, verschiedene Bälle

Freies Spiel – Erfahrungswerte:
- Kinder spielen alleine mit einem Ball
- Kinder kicken oder werfen sich einen Ball zu
- Kinder kicken/werfen an eine Wand und stoppen/fangen den Ball
- Kinder suchen sich Ziele/Tore und kicken/werfen auf sie

Impulsgeleitetes Spiel:
- In der Mitte befinden sich die Piraten, die gerne die Schätze (Bälle) abfangen würden. Die Kinder in den Außenzonen sind die Bürger, die gerne ihre Schätze auf die andere Flussseite bringen würden, ohne dass die Piraten sie abfangen
- Die Außenzonen stellen zwei Burgen dar. Im Graben zwischen den Burgen befinden sich ein/oder mehrere Räuber (am Anfang der ÜL). Die Burgbewohner in den Burgen werfen sich ihre Schätze zu und die Räuber im Graben versuchen, diese abzufangen. Bei fünf bis zehn gefangenen „Goldstücken", erfolgt ein Rollenwechsel

Aufgabenorientiertes Spiel:
Die Spielfläche wird in drei gleich große Zonen unterteilt. In der Mitte befindet sich ein Team, in den äußeren Spielzonen gleichmäßig verteilt das andere Team. Das äußere Team hat die Aufgabe, sich einen Ball von Außenzone zu Außenzone zuzuspielen, ohne dass das Team in der Mitte diesen abfangen kann. Geschieht das doch, wird der Ball beiseite gelegt. Nach fünf abgefangenen Bällen findet ein Rollentausch statt.

Mögliche Bewegungsgeschichte: Das Spielfeld wird in drei gleichgroße Felder eingeteilt. Im mittleren Teil leben die Drachen, sie dürfen ihr Land nicht verlassen. In den äußeren Teilen leben die Zwerge. Die goldenen Dracheneier (Bälle) liegen im Drachenland in einem Nest (Reifen). Nachts schlafen die Drachen (zwei bis drei Kinder) im Drachenland und merken nicht, wie sich die Zwerge in ihr Land schleichen und alle goldenen Eier stehlen. Als sie dies morgens feststellen, sind sie sehr böse und wollen die Eier zurückhaben. Die frechen Zwerge rollen die Eier durchs Drachenland hin und her und die Drachen versuchen die Eier zu schnappen und wieder in ihr Nest zu legen. Ist ihnen dies gelungen, werden die Drachen ausgewechselt.

Hinweise:
- Anzahl der Kinder pro Team in Abhängigkeit von der Spielfeldgröße und vom Leistungsstand festlegen
- Am Anfang nur mit einem Ball spielen, nacheinander weitere (unterschiedliche) Bälle einsetzen
- Nur weiche Bälle verwenden

Variationen:
- Mit den Füßen kicken (II)
- Mit Schlägern spielen (III)
- Die Bälle rollen (I)
- Außenzonen werden durch unterschiedliche Geräte getrennt (II): aufgestellte Matten, Kleine Kästen, Pezzi-/Medizinbälle, Turnbänke

Tanzende Luftballons

Komplexität II	ANBIETEN & ORIENTIEREN	ORGANISATION – ZEIT & PRÄZISION	VARIABILITÄT – ZEIT & PRÄZISION	

Material: Luftballons

Freies Spiel – Erfahrungswerte:
- Kinder spielen alleine mit einem Luftballon
- Kinder schlagen, kicken oder werfen sich einen Luftballon zu

Impulsgeleitetes Spiel:
- Wer kann den Ballon hochwerfen, sich drehen, und wieder fangen?
- Was könnt ihr noch machen, während der Ballon in der Luft ist?

Aufgabenorientiertes Spiel:

Alle Kinder stehen eng zusammen und haben einen Luftballon. Aufgabe ist es, die Ballons hochzuwerfen und sie nicht mehr den Boden berühren zu lassen. Die Kinder helfen sich gegenseitig. Je mehr Luftballons im Spiel sind, desto schwieriger wird diese Aufgabe.

Mögliche Bewegungsgeschichte: Jeder Luftballon ist ein kleiner Schmetterling. Da Schmetterlinge lieber in der Luft fliegen als am Boden sitzen, versuchen die Kinder, die Schmetterlinge möglichst lange fliegen zu lassen.

Hinweise:

* Aufgabenstellung auf Zuruf des ÜL ändern
  (z. B. „Handwechsel")
* Zu Beginn in unbegrenztem Spielfeld spielen,
  später Feld durch Bänke oder Hütchen begrenzen

Variationen:

* Im Sitzen oder Kniestand (III)
* Vorgabe von bestimmten Körperteilen mit denen der Luftballon hoch gehalten werden soll oder andere Hilfsmittel verwenden (Tennisschläger, leere Klorollen, umgedrehte Hütchen, usw.) (III)
* Die Kinder bilden Paare und versuchen, sich den Luftballon mit der Hand (Fuß, Kopf) zuzuspielen (II)
* Die Kinder bilden Paare und halten einen Luftballon zwischen ihren Händen (Schultern, Rücken, Stirn usw.) Sie bewegen sich ohne den Luftballon zu verlieren (II)
* Die Kinder laufen zur Musik mit dem Luftballon.
  Bei „Stopp" verschiedene Aufgaben lösen (II)
* Zwei, drei oder vier Luftballons zu zweit hochhalten (II/III)

Eng am Schläger

Komplexität II	SCHLAGEN DRIBBELN	STOPPEN	PRÄZISIONSDRUCK	

Material: Hockeyschläger, verschiedene Bälle

Freies Spiel – Erfahrungswerte:
- Kinder spielen alleine mit Schläger und Ball
- Kinder schlagen sich einen Ball zu
- Kinder schlagen auf/in Ziele

Impulsgeleitetes Spiel:
- Wer kann mit dem Ball am Schläger Slalom laufen?
- Versucht den Ball mit dem Schläger ganz genau die Bodenlinien entlang zu schieben
- Schießt den Ball so weg, dass er ganz geradeaus rollt

Aufgabenorientiertes Spiel:
Jedes Kind hat einen Hockeyschläger und einen Ball. Die Aufgabe besteht darin, den Ball im Gehen entweder mit dem Schläger zu führen oder den Ball mit leichten Schlägen in einer markierten Spielfläche bzw. auf Linien zu treiben. Auf ein Signal soll der Ball gestoppt und auf ein zweites weiter gespielt werden.

Mögliche Bewegungsgeschichte: Die Kinder sind Hexen. Nach den Hexen-spielen muss aufgeräumt werden: mit dem Hexenbesen (Schläger) auf den Linien entlang fegen (mit Ball).

Hinweise:
- Demonstration des Vorhandseitführens und des Stoppens des Balles mit der Keule (Schaufel, Kelle)
- Mit leichten, großen Bällen ist die Übung etwas schwerer als mit kleinen Bällen

Variationen:
- Zur Schlägergewöhnung: Mit dem Hockeschläger ohne Ball auf dem Boden die Linien nachfahren (I)
- Verschiedene Bälle ausprobieren lassen (II)
- Im Slalom den Ball um Hütchen führen (III)

Tigerball

Komplexität II	FLUGBAHN DES BALLES ERKENNEN	BALLBESITZ KOOPERATIV SICHERN	LÜCKE ERKENNEN	PRÄZISIONS- DRUCK

Material: Verschiedene Bälle

Freies Spiel – Erfahrungswerte:
- Kinder spielen alleine mit einem Ball
- Kinder kicken oder werfen sich einen Ball zu
- Kinder kicken/werfen an eine Wand und stoppen/fangen den Ball
- Kinder suchen sich Ziele/Tore und kicken/werfen auf sie

Impulsgeleitetes Spiel:
- Jedes Kind erhält einen Ball. Nach freiem Spielen zeigen die Kinder, was sie ausprobiert haben
- Die Artisten (Kinder) machen verschiedene Kunsttücke mit dem Ball vor

Aufgabenorientiertes Spiel:
Die Kinder stellen sich in einem großen Kreis auf. Eines der Kinder kniet in der Mitte. Die Außenspieler rollen sich einen Ball kreuz und quer zu, während das Kind in der Mitte versucht, den Ball zu berühren oder zu fangen. Schafft es dies, wird er durch das Kind ausgewechselt, das den Ball zuletzt geworfen hat.

Mögliche Bewegungsgeschichte: Das Kind/die Kinder in der Mitte sind Tiger, die sehr hungrig sind. Der Ball stellt das Futter dar, das sich der Tiger schnappen will.

Hinweise:
- Die Passhöhe vereinbaren lassen
- Mit mehreren Kindern in der Mitte spielen
- Den Ball nicht zum direkten Nachbarn spielen

Variationen:
- Kinder stehen im Kreis und kicken oder werfen den Ball (II/III)
- Kick- und Wurfvariationen (III)
- Mit zwei verschiedenen Bällen gleichzeitig spielen (III)

Ringwurf (vgl. Krug & Asmus, 2012)

Komplexität II	PRÄZISIONSDRUCK	WERFEN	KICKEN	

Material: Reifen, Seile, verschiedene Bälle

Freies Spiel – Erfahrungswerte:
- Kinder spielen entweder nur mit Reifen oder nur mit Bällen
- Kinder legen den Reifen auf den Boden und hüpfen hinein
- Kinder sammeln Bälle in den liegenden Reifen
- Kinder kicken oder werfen sich einen Ball zu
- Kinder werfen oder kicken in/durch die Reifen

Impulsgeleitetes Spiel:
- Wer kann seinen Ball durch einen rollenden Reifen werfen, kicken usw.?
- Wie kann man die Reifen als Wurf-/Schussziele nutzen?

Aufgabenorientiertes Spiel:
Mehrere Reifen werden an Ringen, Toren oder Basketballkörben mit Seilen befestigt. Die Kinder werfen oder kicken durch die in unterschiedlicher Höhe angebrachten Reifen.

Mögliche Bewegungsgeschichte: Die Reifen stellen die verschiedenen Einwurflöcher eines Glascontainers dar. Die Kinder sollen versuchen, die Glasflaschen (Bälle) durch die entsprechenden Löcher zu werfen.

Variationen:
- Bälle ständig variieren (II)
- Wurf- und Kickvariationen (II/III)
- Hinter den Reifen einen Kasten stellen, in den die Bälle fallen sollen (III)
- Kräftiger Werfen/Kicken, damit der Ball über den Kasten fliegt (II/III)
- Ring des Reifens treffen (III)

Schwänzchen fangen

Komplexität II	ZEITDRUCK	ANBIETEN & ORIENTIEREN		

Material: Bänder (Stoff oder Papier), Matte, verschiedene Bälle

Freies Spiel – Erfahrungswerte:
* Kinder spielen alleine mit einem Ball
* Kinder kicken oder werfen sich einen Ball zu
* Kinder kicken/werfen an eine Wand und stoppen/fangen den Ball
* Kinder suchen sich Ziele/Tore und kicken/werfen auf sie

Impulsgeleitetes Spiel:
* Wer kann mit seinem Band wedeln und gleichzeitig einen Ball mit dem Fuß führen
* Das Band hochwerfen und fangen
* Das Band auf den Boden legen und drüber springen (einbeinig, beidbeinig, ohne/mit Anlauf)

Aufgabenorientiertes Spiel:
Alle Kinder bewegen sich in einem abgegrenzten Feld. Sie haben sich ein Unterscheidungsband so in die Hose gesteckt, dass es wie ein „Schwänzchen" heraushängt. Auf ein Signal sind alle Kinder Jäger und Gejagte. Ziel des Spiels ist es, den anderen Kindern das Schwänzchen abzujagen, ohne das eigene zu verlieren. Wer hat am Ende die meisten Schwänzchen erbeutet?

Mögliche Bewegungsgeschichte: Im Zirkus kommen die Affen (Kinder) in die Manege. Jeder Affe hat ein Tuch an seinen Schwanz gebunden (hinten in die Hose der Kinder stecken). Die Affen versuchen, sich gegenseitig die Tücher zu klauen. Hat ein Affe ein Tuch geklaut, bringt er es dem Zirkusdirektor (ÜL). Sind alle Tücher beim Direktor ist die Zirkusnummer zu Ende und die Affen verbeugen sich.

Oder: Das Kind ohne Band ist die Katze, die den Mäusen (den anderen Kindern) das Schwänzchen abjagt. Die Matte ist die Mäusehöhle.

Variationen:
- Anstelle der Unterscheidungsbänder können auch Wäscheklammern benutzt werden (II)
- Alle Kinder, bis auf eines, bekommen ein Tuch in die Hose gesteckt und krabbeln auf allen vieren. Das Kind ohne Tuch krabbelt ebenfalls und versucht, den anderen Kindern das Tuch zu klauen. Ist ein Kind ohne Tuch, muss es sich auf eine Matte setzen, auf der die Kinder turnen oder mit Luftballons spielen dürfen. Wenn alle Kinder ohne Band sind, ist das Spiel zu Ende (II)
- Die Kinder tragen, rollen, dribbeln einen Ball (II/III)

In den Reifen

Komplexität II	WERFEN	VARIABILITÄT – PRÄZISION	KOMPLEXITÄT – PRÄZISION	

Material: Reifen, verschiedene Bälle

Freies Spiel – Erfahrungswerte:

* Kinder spielen entweder nur mit Reifen oder nur mit Bällen
* Kinder legen den Reifen auf den Boden und hüpfen hinein
* Kinder sammeln Bälle in den liegenden Reifen
* Kinder kicken oder werfen sich einen Ball zu
* Kinder werfen oder kicken in/durch die Reifen

Impulsgeleitetes Spiel:

* Heute sind wir im Reifen-Land. Was kann man alles mit den Reifen spielen? Führt eure Ideen vor!

Aufgabenorientiertes Spiel:

Ein Kind oder der ÜL läuft mit einem Gymnastikreifen vor dem Bauch durch die Halle und weicht den anderen Kindern aus. Diese werfen ihre Bälle so oft wie möglich durch den Reifen.

Mögliche Bewegungsgeschichte: Im Hafen müssen Proviantfässer (Bälle) auf ein Schiff gebracht werden. Es herrscht aber hoher Wellengang im Hafen, deshalb ist das Schiff sehr unruhig. Der Reifen ist das Schiff und der ÜL der Kapitän. Der Kapitän schiebt das Schiff kreuz und quer durch die Halle. Die Kinder versuchen das Schiff mit Proviant (Bällen) zu füllen, solange bis alle Proviantfässer im Schiff gelandet sind.

Variationen:
- Die Höhe und den Neigungsgrad des Reifens variieren (II)
- Zwei Kinder halten zusammen einen Reifen zwischen sich (II)
- Bei einer größeren Gruppe können zwei bis drei Kinder mit Gymnastikreifen eingesetzt werden (II)
- Wurfvariationen, z. B. Schockwürfe (von unten), beidhändig, Überkopf usw. (II/III)
- Die Bälle in die Reifen köpfen (III)

Fang den Ball

Komplexität II	PRÄZISIONSDRUCK			

Material: Hütchen, Tennisbälle

Freies Spiel – Erfahrungswerte:
- Kinder spielen alleine mit einem Ball
- Kinder kicken oder werfen sich einen Ball zu
- Kinder kicken/werfen auf die Hütchen
- Kinder laufen um die Hütchen herum
- Kinder probieren Kunststücke mit dem Ball aus

Impulsgeleitetes Spiel:
- Wer kann die Tennisbälle mit den Hütchen fangen?
  Probiert das alleine (z. B. hochwerfen, aufprellen) oder
  zu zweit (zuwerfen, kicken, rollen usw.)

Aufgabenorientiertes Spiel:
Die Kinder gehen paarweise zusammen, nehmen sich einen Tennisball und jeweils ein Hütchen. Sie setzen oder stellen sich gegenüber auf. A rollt den Tennisball zu B. B versucht, den Tennisball mit Hilfe des Hütchens aufzufangen und rollt dann den Ball zurück zu A.

Mögliche Bewegungsgeschichte: Wir sind in Ägypten. Zwei Kinder rollen sich eine goldene Kugel (Tennisball) zu und fangen sie jeweils mit einer Pyramide (Hütchen) auf.

Variationen:
- Hütchen abwechselnd mit einer oder beiden Händen halten (II)
- Nach dem Wegrollen und vor dem Auffangen des Balles eine Zusatzaufgabe lösen (Drehung, Hinsetzen/Aufstehen, auf den Bauch legen/Aufstehen usw.) (III)
- Ball zukicken (II/III)
- Ball indirekt zuwerfen (mit Bodenprellung) (III)
- Ball direkt zuwerfen (III)
- Hütchen über den Ball stülpen (II)
- Kick- und Wurfvariationen (III)

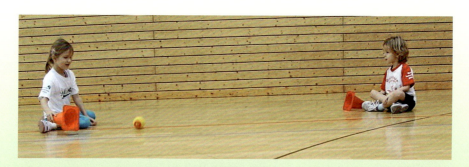

Rein damit

Komplexität II	WERFEN	VARIABILITÄT – PRÄZISION		

Material: Ballwagen, Turnbank, verschiedene Bälle

Freies Spiel – Erfahrungswerte:
- Kinder spielen alleine mit einem Ball
- Kinder kicken oder werfen sich einen Ball zu
- Kinder werfen auf den Ballwagen
- Kinder probieren Kunststücke mit dem Ball aus

Impulsgeleitetes Spiel:
- Könnt ihr Spiele erfinden mit dem Ballwagen und den Bällen (alleine, zu zweit, mit Teams)

Aufgabenorientiertes Spiel:
Der ÜL schiebt einen Ballwagen kreuz und quer durch die Halle. Die Kinder versuchen, den Wagen mit ihren Bällen zu treffen – solange, bis alle Bälle in ihm gelandet sind.

Mögliche Bewegungsgeschichte: Der ÜL oder ein Kind ist der Treckerfahrer und die anderen Kinder sind die Bauern/Erntehelfer, die ihre Ernte (Bälle) auf den Trecker werfen.

Hinweise:
- Statt eines Ballwagens kann der ÜL auch einen Wäschekorb oder einen Karton mit einem Seil hinter sich her ziehen

Variationen:
- Wurfvariationen, z. B. Schockwürfe (von unten), beidhändig, Überkopf usw. (II/III)
- Alle Kinder stellen sich mit vielen Soft- und/oder Tennisbällen hinter eine Turnbank. Der ÜL oder ein Kind ziehen einen Karton oder einen Kleinen Kasten auf einem Rollbrett am Seil in zwei bis drei Metern Abstand in beliebigem Tempo an der Turnbank vorbei. Die Kinder hinter der Bank müssen versuchen, ihre Bälle in den Karton/Kasten zu werfen (II/III)

Prellende Bälle

Komplexität II	LAUFWEG ZUM BALL BESTIMMEN	FANGEN	WERFEN	

Material: Turnbank, verschiedene Bälle

Freies Spiel – Erfahrungswerte:

- Kinder spielen alleine mit einem Ball
- Kinder kicken oder werfen sich einen Ball zu
- Kinder probieren Kunststücke mit dem Ball aus
- Kinder balancieren auf der Turnbank
- Kinder rollen Bälle über die Turnbank
- Kinder stellen oder legen einen Gegenstand auf die Bank und werfen ihn ab

Impulsgeleitetes Spiel:
- Fallen euch schöne Spiele mit dem Ball und der Turnbank ein?
- Kann man die Turnbank als Tor verwenden?

Aufgabenorientiertes Spiel:
Ein Spielfeld wird in der Mitte durch eine Turnbank in zwei Hälften unterteilt. In jeder Hälfte befindet sich ein Team. Der Ball wird so gespielt (Prellwurf), dass er zunächst im eigenen Spielfeld einmal den Boden berührt, bevor er in die gegnerische Hälfte fliegt.

Mögliche Bewegungsgeschichte: Auf der einen Seite der Bank lebt eine Hühnerfamilie, auf der anderen Seite eine Kuhfamilie (Kinder). Heute sind die Tiere etwas aufgeregt, weil die Kinder des Bauern gestern einen Ball im Hühnerstall vergessen haben. Nun wollen die beiden Tierfamilien mit dem Ball über den Zaun hinweg zusammen spielen. Dabei unterstützen sie sich gegenseitig und zählen wie oft sie es schaffen, den Ball hin- und her zu spielen.

Hinweise:

- Wer den Ball fangen konnte, spielt ihn als Prellwurf weiter
- Größe des Spielfeldes, Anzahl der Spieler sowie Wahl des Balles gemäß dem Leistungsniveau der Kinder festlegen
- Vor dem Spiel zu zweit Prellwürfe zum Partner über die Turnbänke spielen lassen

Variationen:

- Der Ball darf nur zweimal (II) bzw. einmal (III) den Boden im gegnerischen Feld berühren
- Der Ball muss von der Fangstelle aus weitergespielt werden (III)
- Der Ball wird in die Hände genommen, fallen gelassen und im Bogen in das andere Feld gekickt (III)

Abwurf

Komplexität II	FLUGBAHN DES BALLES ERKENNEN	WERFEN		

Material: Turnbank, weiche Bälle

Freies Spiel – Erfahrungswerte:
- Kinder spielen alleine mit einem Ball
- Kinder kicken oder werfen sich einen Ball zu
- Kinder probieren Kunststücke mit dem Ball aus
- Kinder balancieren auf der Turnbank
- Kinder rollen Bälle über die Turnbank

Impulsgeleitetes Spiel:
- Fallen euch schöne Spiele mit dem Ball und der Turnbank ein?
- Kann man die Turnbank als Tor verwenden?

Aufgabenorientiertes Spiel:
Es werden zwei Teams gebildet und das Spielfeld wird durch eine Bank getrennt. Ein Ball wird hin und hergeworfen. Dabei versucht Team 1 auf der einen Seite der Bank, die Kinder aus Team 2 auf der anderen Seite abzuwerfen und umgekehrt. Wird ein Kind abgeworfen, muss es zum Gegnerteam wechseln.

Mögliche Bewegungsgeschichte: Auf der einen Seite der Bank leben die Wespen, auf der anderen Seite die Bienen. Die Insekten veranstalten eine Pollenschlacht, indem sie versuchen, die jeweils gegnerische Mannschaft mit einen Eimer Pollen (Ball) abzuwerfen. Wurde eine Wespe bzw. Biene von den Pollen getroffen verwandelt sie sich in das jeweils andere Insekt und wechselt die Seite.

Hinweise:
- Weiche Bälle verwenden

Variationen:
- Die Kinder verbleiben nach einem Abwurf in ihrem Team und zählen, wie oft sie getroffen wurden. Wer am Ende die wenigsten Treffer hatte, hat gewonnen (II)
- Es wird mit zwei Bällen gespielt (III)

- Auf der einen Seite der Bank befindet sich nur ein Kind bzw. der ÜL. Ziel ist es, die Kinder auf der anderen Seite abzuwerfen. Jedes Kind, das getroffen wurde, wechselt die Seite und hilft mit beim Abwerfen (II)
- Wurfvariationen, z. B. Schockwürfe (von unten), beidhändig, Überkopf usw. (II/III)

Wand(ab)praller

Komplexität II	FLUGBAHN DES BALLES ERKENNEN	PRÄZISIONSDRUCK	FANGEN	

Material: Reifen, verschiedene Bälle

Freies Spiel – Erfahrungswerte:
- Kinder spielen entweder nur mit Reifen oder nur mit Bällen
- Kinder legen den Reifen auf den Boden und hüpfen hinein
- Kinder sammeln Bälle in den liegenden Reifen
- Kinder kicken oder werfen sich einen Ball zu
- Kinder werfen oder kicken in/durch die Reifen

Impulsgeleitetes Spiel:
- Heute sind wir im Reifen-Land. Dort spielen die Kinder mit den Reifen und dem Ball. Kann man den Reifen als Tor oder Ziel verwenden?

Aufgabenorientiertes Spiel:
Jedes Kind sucht sich einen Platz vor einer Wand. Es hat einen Ball und einen Gymnastikreifen, der vor der Wand liegt. Der Ball soll aus verschiedenen Körperpositionen so gegen die Wand geworfen werden, dass der Ball im Reifen aufspringt und dann gefangen wird.

Mögliche Bewegungsgeschichte: Die Kinder haben alle einen Riesenfloh (Ball) und bringen ihm kleine Kunsttücke bei, z. B. von der Wand in den Reifen zu springen.

Hinweise:
- Kinder dazu ermuntern, den Ball unterschiedlich hoch gegen die Wand zu werfen und die jeweilige Flugbahn zu beobachten
- Abstand zur Wand variieren
- „Gelingt das mit allen Bällen? Mit welchen Bällen gelingt es besser?"

Variationen:
- An der Wand oder an einer Schnur/Leine, die durch den Raum gespannt wird, werden Zeitungen befestigt, die getroffen werden sollen (II/III)
- Den Ball ohne Bodenkontakt im Reifen fangen

- Rückwärts werfen und den Ball nach Bodenkontakt und einer halben Drehung fangen (III)
- Als Partnerübung: A wirft den Ball gegen die Wand, von dort springt er auf den Boden in den Reifen, danach versucht ihn B zu fangen (III)

Passt – passt nicht (vgl. Kosel et al., 2005)

Komplexität II	KOMPLEXITÄT – PRÄZISION	PRELLEN	DRIBBELN	Kicken Werfen

Material: Kiste, Kleinmaterialien, verschiedene Bälle

Freies Spiel – Erfahrungswerte:
• Kinder spielen alleine mit einem Ball
• Kinder kicken oder werfen sich einen Ball zu
• Kinder probieren Kunststücke mit dem Ball aus
• Kinder werfen oder kicken an die Wand
• Kinder spielen mit den Kleingeräten
• Kinder spielen mit Bällen und Kleingeräten

Aufgabenorientiertes Spiel:
Es wird eine Kiste mit gleich vielen Kleinmaterialien und Bällen vorbereitet Aus ihr nimmt sich jedes Kind einen Gegenstand heraus. Dabei sollte jeder Gegenstand doppelt vorhanden sein. Die Kinder laufen mit dem Gegenstand auf den Linien in der Halle. Immer wenn sie einem Kind begegnen, zeigen sie ihren Gegenstand. Passen die Gegenstände zusammen, rufen die Kinder „Passt" und tauschen die Materialien. Passen sie nicht, rufen sie „passt nicht" und laufen weiter. Auf ein Signal des ÜL bringen alle Kinder ihre Materialien möglichst schnell zurück zur Kiste und suchen sich etwas Neues aus.

Mögliche Bewegungsgeschichte: In einer Kiste ist Obstsalat, in dem es jede Menge unterschiedlicher Obstsorten gibt, z. B. Äpfel (rote Bälle), Pflaumen (Tücher), Kirschen (Bierdeckel) usw. Der Obstsalat ist zwar ganz durcheinander, aber es gibt von jedem Obst zwei Stücke. Nun nimmt sich jedes Kind ein Stück Obst und läuft damit durch den Raum. Trifft es die gleiche Obstsorte, werden die Obststücke getauscht. Die Kinder können zu Beginn auch selber entscheiden, welche Obstsorte für welches Kleingerät steht.

Hinweise:
• Jedes Kind soll sich abwechseln ein Kleinmaterial und einen Ball holen

Variationen:

- Die Kinder mit Bällen rollen den Ball auf den Linien (II)
- Die Kinder mit Bällen prellen den Ball auf den Linien (II/III)
- Die Kinder mit Bällen dribbeln den Ball auf den Linien (II/III)
- Die Kinder mit Bällen werfen sich bei der Übergabe den Ball aus einem Meter Entfernung zu (II/III)
- Die Kinder mit Bällen kicken sich bei der Übergabe den Ball aus einem Meter Entfernung zu (II/III)

Verzaubern und Erlösen

Komplexität II	FLUGBAHN DES BALLES ERKENNEN	WERFEN	KOMPLEXITÄT – ZEIT & PRÄZISION	

Material: Verschiedene Bälle

Freies Spiel – Erfahrungswerte:
- Kinder spielen alleine mit einem Ball
- Kinder kicken oder werfen sich einen Ball zu
- Kinder probieren Kunststücke mit dem Ball aus
- Kinder werfen oder kicken an die Wand

Impulsgeleitetes Spiel:
- Jedes Kind erhält einen Ball. Nach freiem Spielen zeigen die Kinder, was sie ausprobiert haben
- Die Artisten (Kinder) machen verschiedene Kunsttücke mit dem Ball vor

Aufgabenorientiertes Spiel:
Eines der Kinder wird zum Fänger ernannt. Es muss versuchen, die anderen Kinder mit einem Ball abzuwerfen. Ist ein Kind getroffen, werden die Rollen getauscht oder das gefangene Kind kann sich befreien lassen, indem ein anderes Kind durch seine Beine krabbelt.

Mögliche Bewegungsgeschichte: Der Fänger ist der Jäger, der die Hasen mit dem Ball treffen muss.

Hinweise:

- Mit weichem Ball spielen
- Nur Beintreffer sind erlaubt
- Am Anfang kann der ÜL die Fängerrolle übernehmen. Dadurch kann man verhindern, dass schwächere Kinder immer zuerst abgeworfen werden
- Die Fänger können beliebige Rollen annehmen, dementsprechend bekommen die Kinder, die gefangen werden ebenfalls eine Rolle, z. B. „Hase und Jäger", „Maus und Katz" oder „Zwerg und Zauberer"

Variationen:

- Vorschläge der Kinder zum Befreien aufnehmen (I/II/III)
- Mit Riesenball rollen (II)
- Zwei Fänger in einem größeren Feld, in dem auch Schutzbarrieren (Kästen usw.) stehen. Dort darf sich immer nur ein Kind aufhalten und ausruhen, bis es von einem anderen Kind abgelöst wird (III)

Treibball

Komplexität II	PRÄZISIONSDRUCK			

Material: Hütchen, Bälle

Freies Spiel – Erfahrungswerte:
- Kinder spielen alleine mit einem Ball
- Kinder kicken oder werfen sich einen Ball zu
- Kinder kicken/werfen auf die Hütchen
- Kinder laufen um die Hütchen herum
- Kinder probieren Kunststücke mit dem Ball aus

Impulsgeleitetes Spiel:
- Wie kann man die Hütchen aufstellen, damit man sie im Slalom umlaufen kann? Probiert verschiedene Formen aus
- Wer schafft es, um die Hütchen zu dribbeln, zu prellen usw.?
- Könnt ihr mit dem Ball ein Hütchen umwerfen, umkicken? Wenn ihr getroffen habt, geht etwas weiter weg

Aufgabenorientiertes Spiel:
Zwei Teams stehen sich gegenüber. Jedes Team hat eine Linie, von der
das Rollen der Bälle erfolgen muss. Vor jeder Abrolllinie befindet sich –
durch Hütchen markiert – eine zusätzliche „Hütchen-Linie". In der Mitte
zwischen den Teams liegt ein Ball. Jedes Kind hat einen Ball und versucht,
den Ball in der Mitte so zu treffen, dass er über die gegnerische „Hütchen-Linie" rollt.

Mögliche Bewegungsgeschichte: In der Mitte liegt eine dicke faule Apfelsi-
ne, die keine der beiden Teams bei sich im Garten haben will, der hinter
dem Zaun (Hütchen-Linie) beginnt.

Hinweise:
*   Regeln u. a. für das Aufsammeln der Bälle vereinbaren lassen

Variationen:
*   Den Ball mit dem Fuß stoßen, werfen oder einen Schläger
    einbeziehen (III)
*   Abstand der Abrolllinie variieren (I/II/III)
*   Größe der Bälle variieren (II/III)
*   Mehrere Luftballons statt eines Balles in die Mitte legen (II)

Boxen

Komplexität II	SPIELPUNKT DES BALLES BESTIMMEN	PRÄZISIONS-DRUCK	WERFEN	FANGEN

Material: Verschiedene Bälle

Freies Spiel – Erfahrungswerte:
- Kinder spielen alleine mit einem Ball
- Kinder kicken oder werfen sich einen Ball zu
- Kinder probieren Kunststücke mit dem Ball aus
- Kinder werfen oder kicken an die Wand

Impulsgeleitetes Spiel:
- Jedes Kind erhält einen Ball. Nach freiem Spielen zeigen die Kinder, was sie ausprobiert haben
- Die Artisten (Kinder) machen verschiedene Kunsttücke mit dem Ball vor

Aufgabenorientiertes Spiel:
A und B stehen sich gegenüber. Jedes Kind hat einen Ball. A wirft zielgenau seinen Ball in Kopfhöhe zu B. B hält seinen Ball fest in den Händen und „boxt" den anfliegenden Ball wieder zu A zurück. A fängt den Ball.

Mögliche Bewegungsgeschichte: Die geworfenen Bälle sind Gespenster, die sich freuen, wenn sie fliegen dürfen.

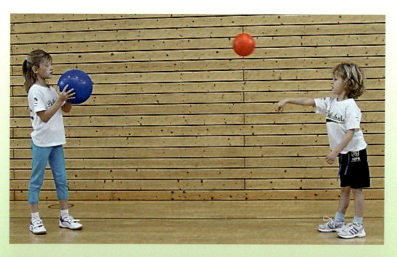

Hinweise:
- Für B ist es einfacher, wenn der Ball möglichst groß und weich ist

Variationen:
- Abstand langsam vergrößern (II)
- A variiert Zuspielhöhe (III)
- A variiert Wurfarten, z. B. Schockwurf (von unten), beidhändig, Überkopf, Prellwürfe usw. (II/III)

Treffball

Komplexität II	PRÄZISIONSDRUCK	WERFEN		

Material: Unterschiedlich große Behälter aufstellen: Eimer, großes Kastenteil, Kleiner Kasten (umgedreht), Ballwagen usw., verschiedene Bälle

Freies Spiel – Erfahrungswerte:
• Kinder spielen alleine mit einem Ball
• Kinder kicken oder werfen sich einen Ball zu
• Kinder probieren Kunststücke mit dem Ball aus
• Kinder rollen, werfen, kicken gegen die Behälter
• Kinder umdribbeln oder umprellen die Behälter

Impulsgeleitetes Spiel:
• Wer trifft einen Behälter?
• Trefft ihr auch, wenn ihr weiter weg steht?

Aufgabenorientiertes Spiel:
Die Kinder sollen vom größten Behälter ausgehend in die verschiedenen Behälter treffen. Wenn sie es geschafft haben, dürfen sie jeweils zum nächst kleineren weitergehen.

Mögliche Bewegungsgeschichte: Die Frösche (Bälle) würden gerne zu ihren Teichen (Behältern), um dort den Laich abzulegen. Allerdings müssen sie dazu eine große Straße überqueren (Abstand zu den Behältern). Sie versuchen, über die Straße zu springen und direkt im Teich zu landen, damit sie nicht überfahren werden. In jeden Teich möchten unterschiedliche Frösche, deshalb die Frösche am jeweiligen Teich lassen und nicht zum nächsten Teich mitnehmen. Am größten Teich leben z. B. die Basketballfrösche (Basketbälle), am kleinsten die Laubfrösche (grüne Bälle).

Oder: Die Behälter stellen unterschiedlich große Wasserflächen dar (Pfütze, Weiher, See, Meer) und die Bälle sind Steine, die in das Wasser geworfen werden.

Variationen:

- Abstände variieren
- Wurfarten variieren, z. B. Schockwurf (von unten), beidhändig, Überkopf , Prellwürfe usw. (II/III)
- Die Behälter haben „Fahrer". In die sich bewegenden Behälter treffen (III)
- Die Behälter stehen an der Wand. So an die Wand werfen, dass der Ball in die Behälter fällt (III)

5- bis 6-jährige Kinder

Reifenprellen

Komplexität III	SPIELPUNKT DES BALLES BESTIMMEN	KOMPLEXITÄT – PRÄZISION	PRELLEN	

Material: Reifen, Hütchen, Luftballons, verschiedene Bälle

Freies Spiel – Erfahrungswerte:
- Kinder spielen entweder nur mit Reifen oder nur mit Luftballons
- Kinder schlagen, kicken oder werfen sich einen Luftballon (Ball) zu
- Kinder legen den Reifen auf den Boden und hüpfen hinein
- Kinder sammeln Luftballons (Bälle) in den liegenden Reifen
- Kinder werfen oder kicken in/durch die Reifen

Impulsgeleitetes Spiel:
- Wie könnt ihr euch durch die Reifenbahnen fortbewegen?
- Geht das auch mit Ball?

Aufgabenorientiertes Spiel:
In Kleingruppen (drei bis vier Kinder pro Gruppe) legen die Kinder jeweils eine Bahn, die aus fünf bis sechs aneinander gereihten Gymnastikreifen besteht. Jedes Kind hat einen Luftballon und die Aufgabe, den Luftballon so nach vorne zu schlagen, dass es in den vor sich liegenden Reifen springen und von dort den nächsten Schlag ausführen kann usw.

Mögliche Bewegungsgeschichte: Der Luftballon möchte gerne über das Wasser (mit Hütchen markieren, wo das Wasser anfängt und aufhört). Allerdings gibt es noch keine Brücke (Reifen). Die Kinder haben die Aufgabe, im Team eine Brücke zu bauen und den Luftballon sicher auf die andere Seite zu bringen.

Hinweise:
- Methodische Hilfe: Zunächst die Reifenbahn ohne eine Schlagbewegung durchlaufen, dann hüpfend durchqueren, dann zusätzlich mit einem getragenen Ball und schließlich mit dem Luftballon
- Das nächste Kind darf erst starten, wenn das vorherige sich beim zweiten oder dritten Reifen befindet

Variationen:

- Die Kinder laufen durch die Reifen und prellen (beidhändig) den Ball einmal in jeden Reifen. Nach jedem Prellen den Ball wieder fangen und in den nächsten Reifen laufen (II/III)
- Das Kind läuft neben der Reifenbahn (rechts oder links) und prellt den Ball in den Reifen (einhändig) (II/II)
- Der Abstand zwischen den Reifen wird vergrößert und die Kinder prellen um die Reifen herum (II/III)
- Reifen umprellen mit einem zusätzlichen, zwischen den Füßen eingeklemmten Luftballon (III)

Passball

Komplexität III	ZEITDRUCK	WERFEN	FANGEN	

Material: Hütchen, Kleine Kästen oder Reifen, verschiedene Bälle

Freies Spiel – Erfahrungswerte:
- Kinder spielen alleine mit einem Ball
- Kinder kicken oder werfen sich einen Ball zu
- Kinder kicken/werfen auf die Hütchen
- Kinder laufen um die Hütchen herum
- Kinder probieren Kunststücke mit dem Ball aus
- Kinder werfen in die Kästen oder in/durch die Reifen

Impulsgeleitetes Spiel:
- Auf welche verschiedenen Arten können die Bälle in die Kästen/Reifen transportiert werden?
- Könnt ihr die Bälle um die Kästen/Reifen rollen, prellen usw.?
- Stellt euch in einen Reifen. Könnt ihr von dort euren Ball in einen Kleinen Kasten werfen?

Aufgabenorientiertes Spiel:
Die Kinder werden in zwei Mannschaften aufgeteilt und verteilen sich über die Hallenlänge mit einem Abstand von ca. ein bis zwei Metern. Bei jedem Kind steht ein Hütchen. Am Anfang und am Ende der Reihe steht für beide Mannschaften ein kleiner Kasten oder ein Reifen, der mit der gleichen Anzahl an Bällen gefüllt ist (sechs bis zehn Bälle). Die Kinder sollen sich nun mit Pässen die Bälle nacheinander zuspielen und schnell in den gegenüberliegenden Kasten transportieren.

Mögliche Bewegungsgeschichte: Die Narren sind los! Es ist Karneval. Die Kinder fragen: „Was macht man an Karneval?" „Wart ihr schon einmal verkleidet?" Heute gibt es einen großen Umzug. Der Umzugswagen (gegenüberliegenden Kästen) muss schnell wieder mit Süßigkeiten (Bällen) beladen werden.

Variationen:

- Mit Luftballons (II)
- Zuspielarten variieren (mit Bodenpass, rollen, kicken, schlagen) (II/III)
- Zwischen den Zuspielen drei Schritte prellen oder dribbeln (III)

Hütchenball

Komplexität III	DRIBBELN	KOMPLEXITÄT – ZEIT & PRÄZISION	

Material: Hütchen, verschiedene Bälle

Freies Spiel – Erfahrungswerte:
- Kinder spielen alleine mit einem Ball
- Kinder kicken oder werfen sich einen Ball zu
- Kinder kicken/werfen auf die Hütchen
- Kinder laufen um die Hütchen herum
- Kinder probieren Kunststücke mit dem Ball aus

Impulsgeleitetes Spiel:
- Denkt euch ein Kunststück aus! Dann dürft ihr es vormachen
- Wie kann man die Hütchen aufstellen, damit man sie im Slalom umlaufen kann? Probiert verschiedene Formen aus
- Wer schafft es, um die Hütchen zu dribbeln, zu prellen usw.?
- Könnt ihr mit dem Ball ein Hütchen umwerfen, umkicken? Wenn ihr getroffen habt, geht etwas weiter weg

Aufgabenorientiertes Spiel:
An einer Hallenseite steht pro Kind ein Hütchen (kleine Hütchen, mit einem Loch oben). Alle Kinder dribbeln in der anderen Hallenhälfte mit dem Ball. Auf ein Signal des ÜL nehmen die Kinder den Ball in die Hand, laufen zu den Hütchen und legen den Ball auf ein Hütchen.

Mögliche Bewegungsgeschichte: Die Hütchen sind kleine Nilpferde, die im Zoo leben und mehrmals am Tag gefüttert werden müssen. Am liebsten fressen sie Kohlköpfe (Bälle). Die Tierpfleger spielen mit den Kohlköpfen ein bisschen Fußball, bis die Nilpferdmutter/-vater (ÜL) lauft ruft, dass die Nilpferde jetzt gefüttert werden müssen. Die Nilpferdmutter/-vater sagt auch Bescheid, wenn die kleinen Nilpferde satt sind, dann können die Kohlköpfe wieder mitgenommen werden

Variationen:
- Nachdem sie den Ball auf das Hütchen gelegt haben, laufen die Kinder in das Feld zurück und holen auf ein neues Kommando den Ball wieder (II)

- Mit dem Ball zum Hütchen dribbeln (II/III)
- Mit dem Ball zum Hütchen prellen (II/III)

Abwerfen

Komplexität III	WERFEN	PRÄZISIONSDRUCK		

Material: Kasten, Tücher, Reifen, verschiedene Bälle

Freies Spiel – Erfahrungswerte:
- Kinder spielen alleine mit einem Ball
- Kinder kicken oder werfen sich einen Ball zu
- Kinder kicken/werfen auf die Hütchen
- Kinder laufen um die Hütchen herum
- Kinder probieren Kunststücke mit dem Ball aus
- Kinder werfen in die Kästen oder in/durch die Reifen

Impulsgeleitetes Spiel:
- Wer kann die Tücher, auf dem Kopf,
  den ausgestreckten Armen usw. balancieren?
- Könnt ihr das Tuch mit dem Fuß hochkicken und fangen?

Aufgabenorientiertes Spiel:
Der ÜL steht auf einem Kasten vor der Wand und lässt auf der linken und rechten Seite jeweils ein Tuch fallen. Die Kinder stehen in zwei Reihen vor ihm. Sie werfen die Tücher mit verschiedenen Bällen ab, bevor sie auf den Boden fallen.

Mögliche Bewegungsgeschichte: Wir machen einen Rundgang durch ein Kaufhaus. Dabei kommen wir zuerst in die Schalabteilung in der es ganz viele verschiedene Tücher gibt. Jedes Kind kann sich eins aussuchen und zunächst anprobieren (um den Hals oder andere Körperteile wickeln) und anschließend ausprobieren, was man mit dem Tuch noch alles machen kann. Die Kinder demonstrieren ihre Übungen.

Variationen:
- Tücher und Reifen an der Wand aufhängen. Wer schafft es, ein Tuch zu treffen oder in einen Reifen zu werfen? (III)
- Wurfvariationen, z. B. Schockwürfe (von unten), beidhändig, Überkopf usw. (II/III)

Königsball

Komplexität III	BALLBESITZ KOOPERATIV SICHERN	ANBIETEN & ORIENTIEREN		

Material: Leibchen oder Unterscheidungsbänder, Reifen, Bälle

Freies Spiel – Erfahrungswerte:
- Kinder spielen entweder nur mit Reifen oder nur mit Bällen
- Kinder legen den Reifen auf den Boden und hüpfen hinein
- Kinder sammeln Bälle in den liegenden Reifen
- Kinder kicken oder werfen sich einen Ball zu
- Kinder werfen oder kicken in/durch die Reifen

Impulsgeleitetes Spiel:
- Heute sind wir im Reifen-Land. Dort spielen die Kinder mit den Reifen und dem Ball. Kann man den Reifen als Tor oder Ziel verwenden?

Aufgabenorientiertes Spiel:
Die Kinder werden in zwei gleich große Mannschaften eingeteilt, die mit Leibchen oder Unterscheidungsbändern gekennzeichnet werden. Jede Mannschaft bestimmt ein Kind, das in einem Reifen steht. Die Mitspieler einer Mannschaft versuchen, sich einen Ball so zuzupassen, dass ihn das Kind im Reifen fangen kann. Gelingt das, dann ist ein Punkt erzielt. Die andere Mannschaft versucht, dies zu verhindern und in Ballbesitz zu gelangen. Wird ein Punkt erzielt, erhält die gegnerische Mannschaft den Ball.

Mögliche Bewegungsgeschichte: Es spielen zwei Königsfamilien gegeneinander, die beide gerne den goldenen Schatz (Ball) besitzen würden. Da keiner mehr genau weiß, wem der Schatz gehört, wird um den Schatz ge-spielt. Es darf ihn die Familie behalten, deren König (Kind im Reifen) den Ball häufiger fängt.

Hinweise:
- Die Kinder im Reifen dürfen diesen nicht verlassen
- Der Ball darf geprellt werden, aber es darf nicht mit dem Ball in der Hand gelaufen werden
- Bei unerlaubtem Körpereinsatz erhält der Gegner den Ball
- Hohe Anforderungen an die räumliche Orientierung

Variationen:
- Wurfvariationen (III)
- Nur Werfen und Fangen, ohne Prellen (III)
- Statt mit der Hand wird mit dem Fuß gespielt (kicken, dribbeln, stoppen) (III)

Aufstehen

Komplexität III	KOMPLEXITÄTSDRUCK	WERFEN	FANGEN	

Material: Luftballons, verschiedene Bälle

Freies Spiel – Erfahrungswerte:
* Kinder spielen alleine mit einem Ball
* Kinder kicken oder werfen sich einen Ball zu
* Kinder werfen oder kicken an die Wand

Impulsgeleitetes Spiel:
* Denkt euch doch mal ein Kunststückchen mit dem Luftballon aus, übt es und dann machen wir alle eine Vorführung
* Mit wie vielen Körperteilen könnt ihr den Luftballon berühren, bevor er auf den Boden fällt?
* Könnt ihr den Ball mit zweimal hintereinander nach oben köpfen? Wer schafft noch mehr?
* Jedes Kind erhält einen Ball. Nach freiem Spielen zeigen die Kinder, was sie ausprobiert haben

Aufgabenorientiertes Spiel:
Jedes Kind befindet sich in einer bestimmten Körperposition (Hockstand, Strecksitz, Hocksitz, Schneidersitz, Reitersitz, Fersensitz) und hat einen Ball. Diesen Ball hochwerfen, rasch aufstehen und nach einem Bodenkontakt des Balles fangen.

Mögliche Bewegungsgeschichte: Die Riesenflöhe (Bälle) sind wieder da (vgl. Wand(ab)praller) und freuen sich auf neue Kunststücke. Die Kinder versuchen, die Riesenflöhe aus verschiedenen Körperpositionen zu fangen.

Variationen:
* Im Sitzen hochwerfen und im Sitzen fangen (II)
* Nach dem Abwurf eine Körperlängsdrehung machen (III)
* mehrere Bodenprellkontakte des Balles zulassen (II)
* Mit einem Luftballon (I)

Ball erobern

Komplexität III	DRIBBELN	STOPPEN	KOMPLEXITÄT – ZEIT	

Material: Hütchen, verschiedene Bälle

Freies Spiel – Erfahrungswerte:
- Kinder kicken oder werfen sich einen Ball zu
- Kinder kicken/werfen auf die Hütchen
- Kinder laufen um die Hütchen herum
- Kinder probieren Kunststücke mit dem Ball aus

Impulsgeleitetes Spiel:
- Denkt euch ein Kunststück aus! Dann dürft ihr es vormachen
- Wie kann man die Hütchen aufstellen, damit man sie im Slalom umlaufen kann? Probiert verschiedene Formen aus
- Wer schafft es, um die Hütchen zu dribbeln, zu prellen usw.?
- Könnt ihr mit dem Ball ein Hütchen umwerfen, umkicken? Wenn ihr getroffen habt, geht etwas weiter weg

Aufgabenorientiertes Spiel:
Jedes Kind hat einen Ball und dribbelt in einer festgelegten Spielfläche. Um das Spielfeld herum sind im Abstand von zwei bis drei Metern Hütchen platziert. Auf ein Signalwort des ÜL gilt es für alle, den Ball in einer bestimmten Weise zu stoppen, das Spielfeld so schnell wie möglich zu verlassen und um ein Hütchen zu laufen. Danach sollen die Kinder sofort in das Spielfeld zurückkehren, um einen x-beliebigen Ball zu „erobern", indem sie die Fußsohle auf den Ball stellen. Wer keinen Ball „erobert" hat, erhält eine Zusatzaufgabe bis zum nächsten Pfiff des ÜL.

Mögliche Bewegungsgeschichte: Die Sonne scheint und alle Kinder spielen mit ihrem Ball auf der Wiese (Spielfeld). Doch es ziehen dunkle Wolken auf und es fängt an zu stürmen. Wenn der ÜL „Sturm" ruft, rennen alle Kinder schnell um die Hütchen. Als sie wieder auf der Wiese ankommen, hat der Sturm einen Ball weggeweht

Hinweise:
- Signalwort lautet Knie, Ellenbogen, Stirn, Po usw. und zeigt an, in welcher Weise der Ball gestoppt werden muss

Variationen:
- Mit Schläger spielen (III)
- Der ÜL entfernt nach Ruf des Signalwortes zwei bis drei Bälle (III)
- Weitere Zusatzaufgaben außerhalb des Spielfeldes ausführen (III)

Nummernball

Komplexität III	DRIBBELN	KOMPLEXITÄT – PRÄZISION		

Material: Hütchen, verschiedene Bälle

Freies Spiel – Erfahrungswerte:
- Kinder spielen alleine mit einem Ball
- Kinder kicken oder werfen sich einen Ball zu
- Kinder kicken/werfen auf die Hütchen
- Kinder laufen um die Hütchen herum
- Kinder probieren Kunststücke mit dem Ball aus

Impulsgeleitetes Spiel:
- Denkt euch ein Kunststück aus! Dann dürft ihr es vormachen
- Wie kann man die Hütchen aufstellen, damit man sie im Slalom umlaufen kann? Probiert verschiedene Formen aus
- Wer schafft es, um die Hütchen zu dribbeln, zu prellen usw.?
- Könnt ihr mit dem Ball ein Hütchen umwerfen, umkicken? Wenn ihr getroffen habt, geht etwas weiter weg

Aufgabenorientiertes Spiel:
Es wird ein Spielfeld abgesteckt mit jeweils einem roten und einem blauen Hütchen am Ende. Alle Kinder haben einen Ball und werden in zwei Teams eingeteilt. Jedes Team wird von eins ab durchnummeriert und den Kindern wird die jeweilige Nummer mitgeteilt (eventuell die Nummer auf die Hand des Kindes schreiben). Die Kinder dribbeln mit dem Ball im abgesteckten Spielfeld, bis der ÜL eine Nummer und eine Hütchenfarbe ruft. Die Kinder mit der genannten Nummer müssen ihren Ball zu dem roten bzw. blauen Hütchen dribbeln, um das Hütchen herum und wieder zurück ins Feld. Wenn sie wieder im Feld sind, dribbeln sie weiter.

Mögliche Bewegungsgeschichte: Die Kinder sind Feuerwehrmänner, die auf der Feuerwehrwache (Spielfeld) auf ihren Einsatz warten. Die Nummern sind die verschiedenen Einsatztruppen. Manchmal müssen auch zwei Gruppen gleichzeitig ausrücken (zwei Zahlen nennen). Wenn es Hochwasser gibt, müssen sie um das blaue Hütchen fahren (die Bälle sind die Einsatzfahrzeuge), bei Feuer um das rote Hütchen.

Variationen:
- Mit dem Schläger spielen (III) ,mit der Hand prellen (III) oder rollen (II)
- Wer schafft es, um die Hütchen herum zu dribbeln?

Torschuss

Komplexität III	SPIELPUNKT DES BALLES BESTIMMEN	KICKEN	KOMPLEXITÄTSDRUCK	

Material: Tor, Ballwagen, Schläger, verschiedene Bälle

Freies Spiel – Erfahrungswerte:
- Kinder prellen und werfen auf das Tor (in den Ballwagen)
- Kinder dribbeln und kicken auf das Tor (in den Ballwagen)
- Kinder dribbeln (Schläger) und schlagen auf das Tor
- Kinder spielen Torhüter und/oder Verteidiger

Impulsgeleitetes Spiel:
- Legt einen Punkt/ eine Linie fest, von der aus (oder von weiter weg) ihr auf das Tor kicken wollt
- Könnt ihr auch mit Anlauf kicken?

Aufgabenorientiertes Spiel: (vgl. Gulden & Scheer, 2011)
Die Kinder stellen sich an eine Hallenseite in eine Reihe. Ein Kind oder der ÜL ist der Torwart und steht auf der anderen Hallenseite im Tor. Zwischen dem Tor und der Reihe steht der ÜL mit dem Ballwagen. Auf ein Signal startet das erste Kind und läuft auf das Tor zu. Einige Meter vor dem Tor bekommt es vom ÜL einen Ball zugerollt und schießt diesen auf das Tor. Nachdem das Kind geschossen hat, wird es selbst zum Torwart. Das Kind, das vorher Torwart war bringt den Ball wieder zum ÜL bzw. in den Ballwagen.

Mögliche Bewegungsgeschichte: Die Ritter (Kinder) versuchen, mit Hilfe der Zauberkugel (Ball) die Burg (Tor) zu erobern, die von einem bösen Zauberer bewacht wird. Wenn die Zauberkugel am Zauberer vorbei gerollt und in der Burg gelandet ist, bekommt der Ritter einen Punkt. Wenn der Zauberer sie gefangen hat, der Zauberer. Danach nimmt der Zauberer die Zauberkugel, bringt sie wieder in die Zauberkiste (Ballwagen) und stellt sich bei den Rittern an.

Hinweise:
*   Steht kein Tor zur Verfügung, kann das Tor auch aus einer Matte, aus Hütchen oder Kleinen Kästen gebaut werden

Variationen:
*   Einige Meter vor dem Ballwagen kann ein Hütchen platziert werden von dem aus die Kinder beim Rückweg in den Ballwagen werfen müssen (III)
*   Die Kinder laufen durch eine Bahn mit drei bis vier Reifen, bevor sie den Ball zugerollt bekommen (III)
*   Die Kinder bekommen den Ball zugeworfen und müssen ihn aus dem Stand oder aus dem Laufen aufs Tor werfen (III)
*   Die Kinder laufen mit einem Schläger los und schlagen den Ball aufs Tor (III)

Einsammeln

Komplexität III	ZEITDRUCK	DRIBBELN		

Material: Aquasticks/Hockeyschläger, Reifen/Kleine Kästen, verschiedene Bälle

Freies Spiel – Erfahrungswerte:
- Bälle und Aquasticks/Hockeyschläger: Dribbeln und Schlagen
- Kinder spielen Zielschlagen in Reifen
- Kinder umdribbeln Reifen/Kleine Kästen

Impulsgeleitetes Spiel:
- Wie könnte man die Bälle sortieren?

Aufgabenorientiertes Spiel:
Es werden viele verschiedene Bälle in einer Hälfte der Halle verteilt. Die Kinder stellen sich an das andere Ende der Halle und sammeln auf Kommando die Bälle mit einem Hockeyschläger ein. Sie transportieren die Bälle in Reifen/Kästen, ohne sie mit der Hand oder dem Fuß zu berühren. Dabei sortieren die Kinder die Bälle nach verschiedenen Kriterien: Farbe, Größe oder Ballart. Es darf immer nur ein Ball transportiert werden.

Mögliche Bewegungsgeschichte: Ein Laster hat in der Kurve seine ganze Fracht verloren. Alles ist durcheinander gekommen (z. B. Gemüse oder Spielsachen). Die Kinder versuchen, alles wieder richtig zu sortieren.

Oder: Die Kinder sind Fischer und die Bälle Fische, die in Netzen (Reifen) gefangen werden. Dabei werden sie nach Fischarten sortiert (Größe, Farbe der Bälle). Am Ende werden die Fische in den Reifen gezählt.

Oder: Die Kinder sind Pilzsammler und die Bälle Pilze. Es werden zwei oder mehr Teams gebildet, die sich auf eine Pilzart spezialisiert haben (harte/weiche Bälle, verschiedene Farben, Größen oder Ballarten).

Variationen:
- Die Kinder müssen die Bälle zum Reifen/Kasten dribbeln, prellen oder rollen (II)
- Das Spiel als Staffel organisieren (II)

High-T-Ball

Komplexität III	SCHLAGEN	LAUFWEG ZUM BALL BESTIMMEN	SPIELPUNKT DES BALLES BESTIMMEN	

Material: Aquasticks, Badminton- oder Tennisschläger, Luftballons

Freies Spiel – Erfahrungswerte:
- Luftballons und Aquasticks/Badminton-/Tennisschläger: Dribbeln und Schlagen
- Kinder schlagen sich die Luftballons gegenseitig zu

Impulsgeleitetes Spiel:
- Denkt euch doch mal ein Kunststückchen mit dem Sticks/Schlägern und dem Luftballon aus, übt es und dann machen wir eine Vorführung

Aufgabenorientiertes Spiel:
Die Kinder werden auf zwei Spielfelder aufgeteilt, die durch eine Markierung auf dem Boden getrennt sind. Sie versuchen, sich einen Luftballon mit Badmintonschlägern, Tennisschlägern oder Aquasticks über die Markierung zu zuspielen. Dabei sollte der Luftballon möglichst nicht den Boden berühren. Kontakte zählen.

Mögliche Bewegungsgeschichte: Die Kinder sind Delfine, die in zwei verschiedenen Becken (Spielfeldern) schwimmen und miteinander spielen. Sie haben einen Luftballon, den sie mit unterschiedlichen Körperteilen wie der Rückenflosse (Badmintonschläger), der Brustflosse (Tennisschläger) oder der Nase (Aquastick) zu ihren Freunden ins andere Becken spielen.

Variationen:
- Über ein Seil / eine Bank/ eine Schnur / ein Netz spielen (III)
- Könnt ihr euch den Ball auch zu dritt/zu viert zuspielen? (III)
- Schlagen mit dem „verkehrten" Arm (III)

Low-T-Ball

Komplexität III	SCHLAGEN	STOPPEN		

Material: Turnbank (Seil), Aquasticks, Hockeyschläger, weiche Bälle

Freies Spiel – Erfahrungswerte:
- Kinder dribbeln und schlagen mit dem Hockeyschläger
- Kinder schlagen über/unter das Seil/die Turnbank
- Kinder umdribbeln das Seil/die Turnbank
- Kinder spielen sich Ball in der Gruppe zu

Impulsgeleitetes Spiel:
- Wer kann mit dem Ball am Schläger Slalom laufen?
- Versucht den Ball mit dem Schläger ganz genau die Bodenlinien

entlang zu schieben
- Schießt den Ball so weg, dass er ganz geradeaus rollt

Aufgabenorientiertes Spiel:
Es werden zwei gleich große Spielfelder markiert. In der Mitte wird ein Seil gespannt oder eine Turnbank auf zwei Kästen platziert. Dann werden zwei gleich große Mannschaften gebildet. Die Mannschaften versuchen, einen Ball mit Hockeyschlägern in das gegnerische Feld zu spielen. Ziel ist es, durch geschicktes Zuspielen, den Ball aus dem Feld hinaus zuspielen. Es darf aber nur unter dem Seil/der Bank durchgespielt werden.

Mögliche Bewegungsgeschichte: Die Kinder sind Hexen. Sie spielen mit ihren Besen (Hockeyschlägern) das Hexenspiel. Dazu wischen sie den Hexenbesen über den Boden, bevor sie die Zauberkugel (den Ball) auf die andere Seite „wischen".

Oder: Die Kinder spielen Billard gegeneinander. Die Schläger sind die Queue, mit denen die Kinder versuchen, die Billardkugel (Ball) über die gegnerische Auslinie zu schlagen. Immer wenn die Kugel außerhalb dieser Linie landet, gibt es einen Punkt.

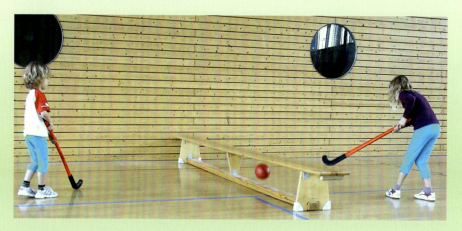

Hinweise:
*   Weiche Bälle verwenden

Variationen:
*   Übung mit Hand oder Fuß durchführen (II)
*   Zwei Bänke aufbauen; Bälle im Kreisverkehr (III)

Schlappenhockey

Komplexität III	ANBIETEN & ORIENTIEREN	LÜCKE ERKENNEN	SPIELPUNKT DES BALLES BESTIMMEN	

Material: Zwei Tore (vier Hütchen), verschiedene Bälle

Freies Spiel – Erfahrungswerte:
- Kinder prellen und werfen auf die Tore
- Kinder dribbeln und kicken auf die Tore
- Kinder spielen Torhüter und/oder Verteidiger

Aufgabenorientiertes Spiel:
Je nach Größe der Halle und Anzahl der Kinder wird ein Feld mit zwei Toren abgesteckt. Jedes Kind zieht einen Schuh/ein Schläppchen aus und zieht ihn/es über seine Spielhand. Der Ball darf nur mit der Schuhhand gespielt werden. Der Ball hat keinen Kontakt mit dem Fuß. Nach der Hälfte der Zeit erfolgt ein Seitenwechsel.

Mögliche Bewegungsgeschichte: Wir laufen durch ein Kaufhaus. In der Schuhabteilung wollen wir neue Schuhe anprobieren. Dazu ziehen wir alle einen Schuh aus. Da kommt ein Ball aus der Spielwarenabteilung gerollt und wir beschließen Schlappenhockey zu spielen.

Hinweise:
* Die Schuhhand soll immer Richtung Boden schauen

Variationen:
* Fortbewegungsarten variieren, z. B. Krabbeln, auf den Knien, auf dem Bauch (III)
* Mit zwei unterschiedlichen Bällen spielen (III)

Synchronspiel

Komplexität III	Komplexität – Zeit	Organisation – Zeit		

Material: Luftballons

Freies Spiel – Erfahrungswerte:
- Kinder spielen alleine mit einem Luftballon
- Kinder schlagen, kicken oder werfen sich einen Luftballon zu

Impulsgeleitetes Spiel:
- Denkt euch doch mal ein Kunststückchen mit dem Luftballon aus, übt es und dann machen wir alle eine Vorführung
- Mit wie vielen Körperteilen könnt ihr den Luftballon berühren, bevor er auf den Boden fällt?
- Könnt ihr den Ball mit zweimal hintereinander nach oben köpfen? Wer schafft noch mehr?

Aufgabenorientiertes Spiel:
Zwei Kinder werfen einen Luftballon gleichzeitig in die Höhe, klatschen in die Hände des Partners und fangen ihn wieder.

Mögliche Bewegungsgeschichte: Die Luftballons sind zwei Flughörnchen, die von den Kindern in die Luft geworfen werden und langsam wieder runter segeln. Während dessen machen die Kinder ein paar Kunststücke, wie in die Hände Klatschen, damit die Flughörnchen von oben etwas zum Staunen haben.

Variationen:

* Übung im Sitzen oder Kniestand ausführen lassen (III)
* Zusätzliche Aufgaben vor dem Fangen des Balles:
  in die Hocke gehen, sich drehen usw. (III)
* Eines der Kinder versucht die Übung (die Variationen)
  mit beiden Luftballons. Dann Wechsel (III)

Kastenball

Komplexität III	ANBIETEN & ORIENTIEREN	LÜCKE ERKENNEN	BALLBESITZ KOOPERATIV SICHERN	

Material: Kleiner Kasten, (Karton, Kastenteil), verschiedene Bälle

Freies Spiel – Erfahrungswerte:
- Kinder spielen alleine mit einem Ball
- Kinder kicken oder werfen sich einen Ball zu
- Kinder kicken/werfen auf die Kastenteile
- Kinder laufen um die Kastenteile herum
- Kinder probieren Kunststücke mit dem Ball aus

Impulsgeleitetes Spiel:
- Ein Kind rollt oder schießt seinen Ball weg. Wer kann den Ball treffen (Werfen, Schießen)?
- Wer möchte den Kasten bewachen? Die anderen Kinder versuchen, ihren Ball in den Kasten hinein zu bringen

Aufgabenorientiertes Spiel:
Es werden zwei gleich große Teams gebildet und jedes Team erhält ein Tor, das es zu verteidigen gilt (z. B. einen Kleinen Kasten). Die Mitspieler eines Teams versuchen, den Ball über Zuspiele ins gegnerische Tor zu werfen.

Mögliche Bewegungsgeschichte: Die beiden Teams sind zwei Räuberbanden. Sie versuchen, sich gegenseitig den Schatz (Ball) zu klauen. Haben sie den Schatz erobert, müssen sie diesen in Sicherheit bringen, d. h. in die Höhle (Kasten) werfen. Die andere Bande versucht, das zu verhindern und den Schatz zurück zu erobern.

Hinweise:
- Abwurfregel vereinbaren
- Anzahl der Treffer feststellen
- Nach einem Tor erhält die gegnerische Mannschaft den Ball
- Schrittregeln vereinbaren

Variationen:
- Wurfvariationen: z. B. Bälle rückwärts durch die Beine zuspielen (III)
- Prellen ist erlaubt (III)
- Spielen mit kicken und dribbeln (III)
- Spielen mit Torhüter (III)
- Spielen mit Torzone, die vom angreifenden Team
  nicht betreten werden darf (III)

Luftballontennis

Komplexität III	SPIELPUNKT DES BALLES BESTIMMEN	FLUGBAHN DES BALLES ERKENNEN	SCHLAGEN	

Material: Luftballons

Freies Spiel – Erfahrungswerte:
* Kinder spielen alleine mit einem Luftballon
* Kinder schlagen, kicken oder werfen sich einen Luftballon zu

Impulsgeleitetes Spiel:
* Denkt euch doch mal ein Kunststückchen mit dem Luftballon aus, übt es und dann machen wir alle eine Vorführung
* Mit wie vielen Körperteilen könnt ihr den Luftballon berühren, bevor er auf den Boden fällt?
* Könnt ihr den Luftballon zweimal hintereinander nach oben köpfen? Wer schafft noch mehr?

Aufgabenorientiertes Spiel:
A und B stehen sich frontal gegenüber. In engem Abstand zueinander schlagen sie sich einen Luftballon zu. Jeder hat zwei Schlagkontakte: der erste Schlag ist ein eigenes Zuspiel und der zweite ein Abspiel. Während des Zuspiels kann der Partner seine Position verändern. Das Abspiel soll zielgenau auf die veränderte Position (seitlich, sitzend usw.) erfolgen.

Mögliche Bewegungsgeschichte: Der Zwergenkönig (ÜL) schlägt Zwergenluftballon vor. Die Zwerge sollen versuchen, in möglichst vielen verschiedenen Positionen den Luftballon in die Luft bzw. zum Partnerzwerg zu spielen. Welcher Zwerg hat die lustigste Idee?

Variationen:
- Verschiedene Körperteile beim ersten Schlag einbeziehen (III)
- Der Luftballons wird erst gefangen, dann geschlagen (III)
- Der Luftballons wird je nach Höhe des Zuspiels erst geköpft oder gekickt, dann gefangen und dann geschlagen (III)
- A und B stehen sich auf zwei Turnbänken gegenüber bzw. A oder B stehen auf einer Bank (III)

Schwieriger Balltransport (von Amelie Roth, 7 Jahre)

Komplexität III	PRÄZISIONSDRUCK	KOMPLEXITÄTSDRUCK		

Material: Bierdeckel, Reifen, Bälle

Freies Spiel – Erfahrungswerte:
- Kinder spielen alleine mit einem Ball
- Kinder spielen alleine mit einem Bierdeckel
- Kinder versuchen, mit dem Ball einen Bierdeckel zu treffen

Impulsgeleitetes Spiel:
- Könnt ihr eine Bierdeckel-Straße auslegen?
- Könnt ihr euch mit Hilfe der Bierdeckel fortbewegen, ohne mit den Füßen direkt auf dem Boden zu laufen (nur auf den Bierdeckeln)?

Aufgabenorientiertes Spiel:
A und B bekommen zu zweit 6 Bierdeckel. Sie stehen hinter einer Linie. Hinter einer weiteren Linie liegt ein Reifen mit Bällen. Die Kinder dürfen nur auf Bierdeckeln stehen, nicht auf dem Boden. Das hintere Kind gibt die zwei freien Bierdeckel nach vorne. Das vordere Kind legt die beiden freien Bierdeckel vor sich und stellt sich drauf. Das hintere Kind geht auf die freigewordenen Bierdeckel des vorderen Kindes und gibt die hinteren Bierdeckel wieder nach vorn. Mit dieser Fortbewegungsart müssen die Kinder bis zum Reifen kommen, dort einen Ball nehmen und diesen auf die gleiche Weise hinter die Linie transportieren. Dann holen sie den nächsten Ball, bis alle Bälle zum Startpunkt gebracht wurden. Zuerst nur als Transportaufgabe spielen lassen, später oder je nach Wunsch der Kinder auch als Staffel.

Kunststücke mit dem Riesenball (von Laurin Roth, 5 Jahre)

Komplexität III	LAUFWEG ZUM BALL BESTIMMEN	ORGANISATIONSDRUCK		

Material: Pezzibälle

Freies Spiel – Erfahrungswerte:
- Kinder rollen den Pezziball
- Kinder legen sich auf den Pezziball
- Kinder versuchen, den Ball zu heben und zu werfen

Impulsgeleitetes Spiel:
- Wer schafft es, den Pezziball genau mit der Geschwindigkeit zu rollen, die er auch nebenher laufen kann?

Aufgabenorientiertes Spiel:

Die Kinder sollen folgende Kunststücke ausprobieren:
- Pezziball von einer Linie aus losrollen, ihn überholen und an einer zweiten Linie wieder anhalten
- Pezziball an der Wand hochrollen. An der höchsten Stelle auf die Fußspitzen gehen und sich ganz strecken
- Pezziball hochwerfen, aufspringen lassen und stoppen.
- Bockspringen über den Pezziball

Kapitel 7
Stundenbilder

Allgemeine Hinweise

Register der Stundenbilder

Stundenbilder: 3- bis 4-jährige Kinder

Stundenbilder: 4- bis 5-jährige Kinder

Stundenbilder: 5- bis 6-jährige Kinder

Allgemeine Hinweise

„Ich habe viel über die Kinder nachgedacht, die mit ihren weißen Kieseln spielen und sie verwandeln: Sieh doch, sagen sie, dort marschiert ein Heer und dort sind die Herden: Der Vorübergehende aber, der nur Steine sieht, weiß nichts vom Reichtum ihrer Herzen" (Antoine de Saint-Exupéry).

In diesem Kapitel werden insgesamt *19 komplette Stundenbilder* für die Mini-Ballschule in Kindergärten und Sportvereinen präsentiert. Die Einheiten sind so zusammengestellt, dass sie bei einer Gruppengröße von zehn bis zwölf Kindern etwa 45 bis 60 Minuten dauern. Ihre Reihung folgt keiner Aufbaulogik und kann verändert werden. Auch die Inhalte lassen sich problemlos mischen und neu kombinieren. Es ist allerdings darauf zu achten, dass der im nächsten Abschnitt beschriebene generelle Stundenablauf (Begrüßungsritual, Aufwärmspiel/Hauptteil, Abschlussritual) erhalten bleibt. Jede Stunde ist schwerpunktmäßig auf eine Altersstufe ausgerichtet: entweder auf 3- bis 4-jährige, 4- bis 5-jährige oder 5- bis 6-jährige Kinder. Abhängig vom Entwicklungsstand der Gruppen sind natürlich andere Zuordnungen möglich.

Alle Einheiten bestehen aus mehreren Ball-/Gerätestationen. An ihnen kann wie im Kapitel 6 illustriert wurde, prinzipiell frei, impulsgesteuert und/oder aufgabenorientiert gespielt werden. Was gerade am sinnvollsten ist und am meisten Spaß macht, entscheiden der ÜL und die Kinder selbst. Sollten die Heranwachsenden besondere Freude an einer bestimmten Tätigkeit haben, dann ist es empfehlenswert diese zeitlich auszubauen und dafür ein anderes Spiel wegzulassen.

Jetzt kommt ein wichtiger Hinweis: Die Stundenbilder enthalten aus Gründer der Vereinfachung und Übersichtlichkeit „nur" die Darstellung der aufgabenbezogenen Varianten – und dies in Form von kleinen Geschichten. Warum das so ist, lässt sich schnell erklären. Für den ÜL ist es viel leichter, die Geschichten in einfache Spielbeschreibungen, Impulse und freie Lerngelegenheiten herunter zu transformieren als umgekehrt. Dabei helfen ihm häufig Querverweise zu den zugehörigen dreistufigen Mini-Spielreihen im Kapitel 6. Die nachfolgenden Entwürfe dürfen somit in *keinem* Fall als ein Plädoyer für eine „mono-methodische" Konzentration auf Aufgabengeschichten missverstanden werden.

Jeder Stunde liegt – quasi als Drehbuch – ein *übergreifendes Rahmenthema* zugrunde. Zu den einzelnen Spielen können aber auch kleine voneinander unabhängige Geschichten erzählt werden. Auf diese Weise ist die

Mini-Ballschule beliebig bunt gestaltbar, individuell abgestimmt auf die Gruppenzusammensetzung, die vorhandenen Materialien, Räumlichkeiten und die zeitlichen Möglichkeiten.

Grundsätzlich gilt, dass sich Heranwachsende im Kleinkind- und Vorschulalter sehr gerne in Geschichten eindenken und eine große Kreativität entfalten. Wenn sie andere, neue Ideen haben, muss auf jeden Fall darauf eingegangen werden. Es gibt kein verbindliches „Geschichten-Finale" oder „Happy-End": „der Weg ist – wie immer bei Kindern in diesem Alter – das Ziel!"

Stundenablauf

Die Einheiten der Mini-Ballschule werden nach einem festen Ablaufplan durchgeführt. Die wichtigsten Elemente sind: das Begrüßungsritual, der Hauptteil einschließlich des Aufwärmens, das gemeinsame Aufräumen und das Abschlussritual. Vor dem Begrüßungsritual kann man eine kurze freie Bewegungszeit einrichten, in der sich die Kinder mit etwas Kleinmaterial bewegen können, bis alle anwesend sind.

Begrüßungsritual

Zum Begrüßungsritual treffen sich die Kinder mit dem ÜL im Kreis. Es gibt verschiedene Varianten, die Begrüßung zu gestalten. Hier einige Beispiele:

Die Königskrone

Alle Kinder sitzen im Schneidersitz in einem Kreis und halten sich an den Händen fest. Ein Kind nach dem Anderen sagt, wer neben ihm sitzt und hebt gemeinsam mit diesem Kind ein „Handpaar" hoch. Die Arme bleiben in der Luft bis der letzte Name genannt worden ist, sodass der Kreis wie eine Königskrone aussieht. Das Gleiche kann man auch in die andere Richtung spielen, wobei die Arme dann heruntergehen.

Begrüßungsspruch

„Sport mag ich wirklich sehr.
Hier spielen wir ganz fair.
Keiner tut dem anderen weh:
Versprochen, versprochen, versprochen,
das wird auch nicht gebrochen:
Ooooooookaaaaaaay!"
(Gulden & Scheer, 2011, S. 16)

Die Kinder sitzen im Kreis und sprechen die ersten drei Zeilen zusammen. Danach sagt reihum jedes Kind „versprochen" und legt seine Hand in die Mitte, bis alle Hände aufeinander liegen. Dann wird die fünfte Zeile wieder gemeinsam gesprochen und bei der letzten Zeile stehen die Kinder auf und ziehen ihre Hände nach oben weg (Gulden & Scheer, 2011).

Ein Lied

Es wird ein (Bewegungs-)Lied abgespielt oder von der Gruppe gesungen und entsprechend pantomimisch untermalt.

Erzählrunde

Eine Erzählrunde bietet sich vor oder nach „aufregenden" Ereignissen an (z. B. Nikolaustag: War heute etwas in euren Stiefeln? Fasching: Als was habt ihr euch verkleidet? Martinstag: Habt ihr eine Laterne gebastelt? Ostern: War der Osterhase bei euch?).

Hauptteil

Der Hauptteil aller 19 Einheiten startet mit einem Aufwärmspiel, das dazu dient, den anfänglichen Bewegungsdrang der Kinder zu stillen. Es muss nicht zwingend aus dem Mini-Ballschul-Lehrplan entnommen werden. Danach folgt die Durchführung der Spiele bzw. Mini-Spielreihen an den vorbereiteten Ball- und Gerätestationen (Bewegungslandschaften).

Abschlussritual

Zum Abschluss trifft sich die Gruppe, wie bei der Begrüßung, im Kreis. Auch hier kann wieder ein Lied gesungen oder abgespielt werden. Weitere praktisch erprobte Rituale sind:

Der Luftballon

Die Gruppe trifft sich, bildet einen Kreis und die Kinder fassen sich an den Händen. Nun gehen alle in der Mitte ganz dicht zusammen und „pusten" den Ballon auf. Dabei wird der Kreis immer größer bis der aufgeblasene Luftballon platzt (die Kinder lassen sich dabei hinfallen).

Gut mitgespielt

Die Kinder stellen sich in den Kreis. Der ÜL ist im Kniestand. Alle legen sich die Hände auf die Schultern, schauen abwechselnd ihren linken und rechten Nachbarn an und sagen: „Gut mitgespielt".

Rakete

Alle Kinder knien im Kreis und schlagen mit den Händen auf den Boden, zunächst ganz leicht, dann immer fester, bis die Rakete abhebt. Dabei gehen alle Hände nach oben.

Massage

Die Kinder sitzen in einer Reihe oder im Kreis und massieren jeweils ihren Vordermann. Themen der Massage: Pizza oder Kuchen backen, Autowaschanlage, Wetter, Orchester usw.

Register der Stundenbilder

Stundenbilder: 3- bis 4-jährige Kinder

Stunde 1: Im Wald 1

Aufwärmspiel: Nüsse stehlen

Komplexität I	ZEITDRUCK			

Zwei parallele Linien werden im größtmöglichen Abstand (an beiden Hallen-seiten) markiert. Die Kinder werden in zwei Eichhörnchen-Familien (Mann-schaften) aufgeteilt, die sich auf den Linien aufstellen. Zusätzlich liegen auf den Linien pro Eichhörnchen (Kind) mindestens zwei Nüsse (Bälle). Nach dem Startsignal laufen alle zur gegenüberliegenden Linie, holen dort je Eichhörnchen eine Nuss, laufen zurück und legen die Nuss auf die eigene Linie. Danach wird erneut auf die andere Seite gelaufen, um weitere Nüsse zu holen. Jeder läuft für sich, in selbst gewählter Geschwindigkeit. Pro Lauf darf nur eine Nuss transportiert werden, rollen oder werfen ist verboten. Gegner dürfen nicht behindert werden. Gespielt wird zwei bis drei Minuten, bis der ÜL das Spiel beendet – „Wer hat am Ende die meis-ten Nüsse für den Winter auf seiner Linie?"

Hauptteil I: Hin und her (vgl. S. 99)

Komplexität I	KICKEN	Präzisionsdruck		

Die Kinder sind Eichhörnchen, die sich eine Nuss zu kicken. Die beiden Hütchen sind Bäume, die nicht berührt werden dürfen.

Hauptteil II: Hütchenwald (vgl. S. 115)

Komplexität II	PRELLEN	DRIBBELN	KOMPLEXITÄT – ZEIT & PRÄZISION	

Die Stangen oder Hütchen sind Bäume im Wald, die nicht berührt werden dürfen. Wenn kleine Hindernisse eingebaut werden, können dies umgestürzte Bäume oder kleine Sträucher sein, die überwunden werden müssen.

Hinweise:
- Das Spiel kann man anstelle von Stangen oder Hütchen
  auch mit Reifen spielen

Hauptteil III: Regenpfützen

Komplexität I	KOMPLEXITÄT – PRÄZISION			

Zeitungsblätter liegen ausgebreitet auf dem Boden. Sie stellen Wasserpfützen dar. Die Kinder springen in verschiedenen Variationen über die Pfützen. Die Pfützen werden immer größer, immer mehr Zeitungen werden aneinander gelegt. Es darf auch mit Anlauf gesprungen werden. Da bei den meisten die Füße und Hosen sowieso schon nass sind, sollen die Kinder nun in die Pfützen springen!

Hinweise:
- Das Spiel kann man auch mit Reifen oder Teppichfliesen spielen

Variationen:
- Jedes Kind hat einen Ball und rollt damit um die Pfützen herum (II)
- Wenn man zu einer Pfütze kommt, versucht man mit dem Ball in die Pfütze zu treffen (II)

Abschluss:
vgl. Abschlussrituale

Stunde 2: Im Dschungel

Aufwärmspiel: Tierecken

Komplexität I	ZEITDRUCK	Anbieten & Orientieren		

Im Raum werden vier Ecken mit verschiedenen Tieren gekennzeichnet. Die Kinder rennen im Rhythmus der Trommel im Raum durcheinander. Wenn die Trommel stoppt sagt der ÜL ein Tier, z. B „Tiger", worauf die Kinder so schnell wie möglich in die jeweilige Ecke rennen und das Tier stimmlich nachmachen. Wenn die Trommel wieder anfängt zu schlagen, rennen die Kinder wieder durcheinander.

Variationen:
- Die Kinder machen die Tiere mit Gebärden nach und laufen danach wie das Tier, bis die Trommel wieder stoppt und sie beim nächsten Tier ankommen
- Das Spiel kann erschwert werden, indem man nicht nur vier, sondern fünf oder sechs Bilder aufgehängt oder eins/mehrere Bilder abhängt bzw. umdreht und sich die Kinder erinnern müssen

Hauptteil I: Tigerball (vgl. S. 149)

Komplexität I	LÜCKE ERKENNEN	PRÄZISIONS-DRUCK	FLUGBAHN DES BALLES ERKENNEN	BALLBESITZ KOOPERATIV SICHERN

Das Kind/die Kinder in der Mitte sind Tiger, die sehr hungrig sind. Der Ball stellt das Futter dar, das sich der Tiger schnappen will.

Hauptteil II: Kokosnussrollen

Komplexität I	KOMPLEXITÄT – PRÄZISION			

Das Kind ist im Hocksitz bzw. Hockstand. Es hat einen Ball, der sich am rechten Fuß befindet. Den Ball mit der Hand zunächst seitlich und dann nach vorne rollen. Dort wird er mit der linken Hand übernommen und zum linken Fuß gerollt. Dazu wird den Kindern eine Geschichte von den Affenkindern erzählt, die mit der Kokosnuss spielen.

Hinweise:
• Zunächst ohne Vorgaben für den Handwechsel ausführen lassen

Variationen:

- Den Ball mit weit ausgestreckten Armen und Händen rollen (I/II)
- Nur mit den Fingerkuppen (II)
- Mit zwei Bällen auf einer Seite oder entgegengesetzt starten (II/III)
- Das Kind rollt den Ball um sich herum (II)
- Den Ball von einer festen Handposition zur gegenüberliegenden festen Handposition rollen (I)

Hauptteil III: Kokosnusswerfen (vgl. In den Reifen, S. 155)

Komplexität I	WERFEN	Variabilität – PRÄZISION	Komplexität – Präzision	

Die Kinder werden gefragt, was für Tiere im Dschungel leben und was sie für Geräusche machen. Dann erzählt der ÜL die Geschichte von einem Busfahrer (Kind mit Reifen), der durch den Dschungel fährt mit seinem Bus und ziemlich viel Lärm macht, so dass alle Tiere im Dschungel aufwachen und den Busfahrer mit Kokosnüssen (Bällen) bewerfen.

Abschluss:

vgl. Abschlussrituale

Stunde 3: Mit dem Auto unterwegs

Aufwärmspiel: Straßenverkehr (vgl. S. 89)

Komplexität I	KOMPLEXITÄT – ZEIT & PRÄZISION	ORGANISATION – PRÄZISION	VARIABILITÄT – ZEIT & PRÄZISION	

Die Kinder sind Autos und fahren damit durch die Halle:
- Freies Autospielen, hupen, blinken, rückwärts fahren, einparken usw.
- Bei Gegenverkehr aneinander vorbeilaufen
- Autostau! Die Kinder fahren hintereinander her. Auf Signal des Verkehrspolizisten muss das erste Auto in der Schlange stehen bleiben. Die anderen Autos schließen wieder auf.
  Nach kurzer Pause geht es weiter

Hinweise:
- Die Kinder können auch andere Rollen als Autofahren wählen: Tankstelle, Kontrolle der Verkehrspolizei, Zebrastreifen usw.

Hauptteil I: Verkehrsregeln (Krug & Asmus, 2012; Zimmer, 2013)

Komplexität I/II	PRELLEN	DRIBBELN	ZEITDRUCK	

Die Kinder sind Autos, Fahrräder oder Motorräder (die Kinder selber wählen bzw. vorschlagen lassen). Der ÜL hat die drei Ampelfarben rot, orange und grün auf einer Karte oder auf Tüchern. Die Kinder lösen bei jeder Ampelfarbe eine Aufgabe, z. B. bei rot stehen bleiben und den Ball prellen, bei gelb langsam den Ball am Fuß führen und bei grün möglichst schnell mit dem Ball in der Hand rennen.

Hinweise:

- Die Aufgaben bei den drei Farben können beliebig abgeändert und von den Kindern vorgeschlagen werden
- Haben die Kinder das Spiel verstanden, kann auch im Wechsel eines der Kinder die Ampelfarben hochhalten

Hauptteil II: Autorennen (vgl. Einfangen, S. 131)

Komplexität I	KICKEN	STOPPEN		

Die Bälle sind die Autos und unsere Füße der Motor. Alle Kinder stehen mit ihrem Auto in einer Reihe. Auf ein Signal werden die Autos nach vorne geschossen. „Welches Auto ist am schnellsten?" Die Autos können rückwärts oder mit rechts/links gekickt werden und anschließend mit verschiedenen Körperteilen „gebremst" werden.

Hauptteil III: Autobahnpolizei

Komplexität II	WERFEN	PRÄZISIONSDRUCK		

Alle Kinder (außer dem Fänger) stehen in einem Gymnastikreifen und halten ihn in Hüfthöhe fest. Die Kinder sind Autos und der Fänger ist die Autobahnpolizei. Der Fänger hat einen weichen Ball und versucht den Ball durch die Reifen zu werfen. Wurde ein Kind von der Autobahnpolizei erwischt (Ball durch den Reifen), werden die Rollen getauscht.

Abschluss:

vgl. Abschlussrituale

Stunde 4: Bei den Piraten

Einführung in das Thema

Ein Bild von einem Piratenschiff wird kurz betrachtet. Kurzes Gespräch über das Thema: Was gehört zu einem Piraten? Kinder bringen ihr Wissen ein: Schiff, Mannschaft, Verpflegung, Schatz, Flagge, Insel, Lied usw. Der ÜL nennt das Thema der Stunde: Wir sind heute „Ballpiraten" und wollen eine Piratenreise zur Schatzinsel machen.

Aufwärmspiel: Schiff packen (vgl. In den Reifen, S. 155)

Komplexität I	WERFEN	KOMPLEXITÄT – ZEIT & PRÄZISION	VARIABILITÄT – ZEIT & PRÄZISION	

Im Hafen müssen die Proviantfässer (Bälle) auf das Schiff gebracht werden. Es herrscht aber hoher Wellengang im Hafen, deshalb ist das Schiff sehr unruhig. Der Ballwagen ist das Schiff und der ÜL der Kapitän. Der Kapitän schiebt das Schiff kreuz und quer durch die Halle. Die Kinder versuchen das Schiff mit Proviant (Bällen) zu füllen, solange bis alle Proviantfässer im Schiff gelandet sind.

Hinweise:

* Anstelle eines Ballwagens kann der ÜL auch einen Karton an einem Seil hinter sich her ziehen

Hauptteil I: Schiff reinigen

Komplexität I	KOMPLEXITÄT – PRÄZISION	ZEITDRUCK		

Vom Beladen ist das Schiff schmutzig geworden. Wir reinigen es mit Teppichfliesen (mit umgedrehten Teppichfliesen über den Boden rutschen): Ein Bein auf der Fliese, ein Bein auf dem Boden.

Hinweise:
• Statt Teppichfliesen können auch Zeitungen oder Tücher verwendet werden

Variationen:
• Mit zwei Fliesen vorwärts rutschen: jedes Bein auf einer Fliese oder die Hände und die Füße jeweils auf einer Fliese (II)
• Ein Kind zieht auf der Teppichfliese das andere Kind (II)
• Verschiedene Fortbewegungsarten mit der Teppichfliese ausprobieren: z. B. im Sitzen mit den Füßen abstoßen, in Rückenlage mit den Füßen schieben, in Bauchlage mit den Händen schieben (II)

Hauptteil II: Fahrt zur Schatzinsel

Komplexität I	PRÄZISIONSDRUCK			

Wir segeln zur Schatzinsel. Alle setzen sich auf das Schiff (umgedrehte Turnbank auf Holzstäben). Das Schiff wird zwischen zwei Matten oder kleinen Kästen vor und zurück bewegt. Dazu sprechen wir: „Fährt ein Schiffchen übers Meer, es schaukelt hin es schaukelt her, da kommt ein großer Wind, da stoppt das Schiff geschwind". Auf der Schatzinsel steigen alle aus und balancieren auf der Unterseite der Bank ans Ufer der Insel.

Hinweise:
• Beim Balancieren mit den Füßen auf der breiten Seite laufen und mit den Händen am schmalen Balken festhalten

Hauptteil III: Schatzsuche

Komplexität I	PRÄZISIONSDRUCK			

Auf der Insel angekommen suchen wir den Schatz. Dazu wurde Kleinmaterial unter Tüchern oder Kästen versteckt. Die Kinder dürfen immer nur ein Teil zum Schiff transportieren. Dabei entscheiden die Kinder selbständig, wie sie den Schatz zum Schiff befördern. Am Schiff werden die Schätze beispielsweise in einem Karton gesammelt, der mit einem Seil am Schiff befestigt wird. Wenn alle Schätze geborgen sind, beginnt die Heimfahrt.

Hauptteil IV: Heimfahrt

Komplexität I	PRÄZISIONSDRUCK			

Wir steigen wieder auf das Schiff (balancieren auf der Unterseite auf die Turnbank) und fahren mit dem Schatz zurück in die Heimat. Im Hafen angekommen balancieren die Kinder vom Schiff runter. Anschließend wird der Schatz aufgeteilt und die Kinder dürfen frei damit spielen.

Abschluss:

vgl. Abschlussrituale

Stunde 5: In Ägypten

Aufwärmspiel: Der böse Pharao

Komplexität I	WERFEN	PRÄZISIONDRUCK		

Jedes Kind hat einen weichen Ball. Ein Kind ist der Pharao und versucht, die anderen Kinder mit seinem Ball abzuwerfen. Da der Ball magische Kräfte besitzt, verwandelt er die Kinder in eine Pyramide. Dabei bleiben die Kinder stehen und bilden mit den Beinen eine Pyramide (Beine grätschen). Sie können nur befreit werden, wenn jemand von den anderen Kindern den Ball durch die Pyramide durchrollt. Nach einer Zeit wechselt der Pharao.

Hinweise:
* Je nach Anzahl der Kinder und Hallengröße können auch zwei oder drei Pharaonen gewählt werden
* Die Pharaonen mit Mannschaftsbändern markieren

Hauptteil I: Pyramidenball (vgl. Fang den Ball, S. 157)

Komplexität I	PRÄZISIONSDRUCK		

Zwei Kinder rollen sich eine goldene Kugel (Tennisball) zu und fangen sie jeweils mit einer Pyramide (Hütchen) auf.

Hauptteil II: Lehmscheiben-Frisbee

Komplexität I	WERFEN				

Die Ägypter hatten noch keine richtige Frisbee, deshalb haben sie mit Lehmscheiben (Bierdeckeln) geworfen. Alle Kinder stehen an einer Linie und werfen auf ein Signal ihre Lehmschreibe los. Wessen „Frisbee" fliegt am weitesten? Die Kinder verschiedene Wurftechniken ausprobieren und vorführen lassen. Anschließend können sich die Kinder zu zweit Lehmscheiben zuwerfen und fangen.

Variationen:

- Die Lehmscheibe rollen lassen (II)

Hauptteil III: Pyramidenkicken (vgl. Umfaller, S. 123)

Komplexität I	KICKEN	PRÄZISIONS-DRUCK			

Die Pharaonen möchten gerne kicken. Dazu werden an einer Hallenseite Pyramiden (Hütchen) aufgebaut, die getroffen werden sollen.

Abschluss:

Die Kinder versuchen aus den Bierdeckeln kleine Pyramiden zu bauen

Stunde 6: Auf dem Bauernhof

Aufwärmspiel: Kartoffeln pflanzen (vgl. Bälle legen, S. 105)
(Krug & Asmus, 2012)

Komplexität I	KOMPLEXITÄT – ZEIT			

Die Kinder sind Bauern und pflanzen Kartoffeln (Bälle). Die kleinen Setzlinge müssen sie zunächst beim Großbauern (ÜL) abholen und dann in Reih und Glied ins Feld (Reifen) pflanzen. Sind alle Kartoffeln gesetzt, stellt der Großbauer fest, dass er die falsche Sorte herausgegeben hat, deshalb müssen alle Kartoffelsetzlinge wieder schnell zurück zum Großbauern.

Hauptteil I: Unser kleiner Hund

Komplexität I	ZEITDRUCK	DRIBBELN	KOMPLEXITÄT – ZEIT & PRÄZISION	

Das Kind vom Bauern hat einen kleinen Hund (Ball) bekommen: Jedes Kind nimmt sich eine Hundehütte (Reifen) und einen Hund (Ball) und setzt seinen Hund in die Hundehütte. Wenn das Kommando „die Sonne scheint" gerufen wird, dürfen die Hunde aus der Hütte raus und mit Ihrem Herrchen herumlaufen. Beim Kommando „es regnet" oder „es schneit" müssen sie wieder ganz schnell in ihre Hundehütte zurück.

- Anfangs ist der Hund noch sehr klein: Die Kinder tragen den Hund vorsichtig auf dem Arm. Dabei können Sie Kontakt mit den anderen Kindern aufnehmen, die anderen Hunde auf dem Arm streicheln, fragen, was für ein Hund es ist, wie er heißt usw.
- Der Hund traut sich schon auf den Boden, ist aber noch ängstlich und bleibt ganz dicht bei uns: die Kinder laufen und rollen den Ball dicht an der Hand oder sie holen sich Hockeyschläger (Hundeleinen) und führen damit den Ball (vgl. Eng am Schläger, S. 147)
- Jetzt traut es sich schon etwas mehr und springt ein bisschen vor: Ball leicht wegrollen und wieder einfangen
- Er läuft um unsere Beine herum: Grätschstellung, Ball in einer Acht um die Beine rollen und wenn es gut klappt auch im (rückwärts) gehen
- Der Hund dreht sich übermütig im Kreis herum: Ball kreiseln lassen

- Der Hund macht auch schon hohe Sprünge: Ball hochwerfen und fangen
- Jetzt ist er schon so groß, dass er sich weit von uns entfernt und wir hinter ihm herlaufen müssen: Ball über den Kopf nehmen und weit wegwerfen, hinterherlaufen und wieder aufnehmen

Hauptteil II: Eierwerfen

Komplexität I	WERFEN	PRÄZISIONSDRUCK		

Nachdem wir mit dem Hund gespielt haben, müssen wir die Eier (Bälle) aus dem Hühnerstall holen. Zwei Kinder werfen sich gegenseitig ein Ei zu. Da das Ei noch roh ist, muss man es ganz vorsichtig werfen, damit es nicht kaputt geht. Wer mutiger ist, kann den Abstand vergrößern.

Variationen:
* Während des Werfens im Reifen stehen (II)

Hauptteil III: Die Hühner und ihre Eier

Komplexität I	DRIBBELN	ZEITDRUCK		

Zwei Bänke werden im rechten Winkel in eine Ecke gestellt, sodass sich mit den beiden Wänden ein Quadrat ergibt (Hühnerstall). Die Kinder sind Hühner und haben die Aufgabe, ihre Eier, die verteilt in der Halle liegen, so schnell wie möglich mit den Füßen zurück in den Stall zu bringen.

Hinweise:
*   Darauf achten, dass man nur Bälle verwendet, die durch die Lücke in der Turnbank durchgekickt werden können oder Luftballon/Wasserbälle verwenden, die leicht über die Bank gekickt werden können
*   Wenn keine Turnbänke vorhanden sind, kann man auch aus kleinen Stoffquadern oder Kissen den Hühnerstall bauen. Dabei darauf achten, dass die Elemente so niedrig sind, dass die Bälle ohne Hände in den Hühnerstall befördert werden können

Variationen:
*   Es gibt „verrückte Hühner", die sich im Stall befinden und die Eier wieder rauskicken (II)
*   Die Bälle durch die Lücke in den Bänken in den Hühnerstall rollen (I)

Hauptteil IV: Der Fuchs, der Eierdieb und die Hühner

Komplexität I	ZEITDRUCK	ANBIETEN & ORIENTIEREN		

Wir benötigen einen Fuchsbau, z. B. eine Turnmatte, die hochkant in ca. 45° an die Wand gestellt wird. Darunter versteckt sich ein Fuchs. Die anderen Kinder verteilen sich in der Halle und brüten jeder ein Ei (Ball) aus. Jetzt haben sie genug vom Brüten und wollen vergnügt herumlaufen. Sie laufen kreuz und quer durch die Halle bis der ÜL ruft: "Der Fuchs kommt". Alle versuchen sich wieder auf ein Ei zu setzen, auch der Fuchs. Wer kein Ei hat, ist in der nächsten Runde der Fuchs.

Hinweise:
* Darauf achten, dass die Kinder nicht bei ihrem Ball bleiben, sondern sich wirklich durch die Halle bewegen. Evtl. kann der ÜL auch die eigentlich ruhig liegenden Bälle leicht mit dem Fuß bewegen

Abschluss:

vgl. Abschlussrituale

Stunde 7: Winter

Einführung in das Thema

Bewegung in der Kälte: zittern, blasen wie ein kalter Wind, Zähne klappern, mit den Füßen stampfen.

Aufwärmspiel: Schlittschuhlaufen

Komplexität I	KOMPLEXITÄT – PRÄZISION	ZEITDRUCK		

Die Kinder spielen auf einem zugefrorenen Teich (mit Hütchen begrenzen). Dazu stellen sie sich mit einem Fuß auf ein Zeitungspapier oder auf ein Tuch und stoßen sich mit dem anderen Fuß ab oder sie stellen sich mit beiden Beinen auf die Zeitung/ auf das Tuch.

- Die Kinder laufen um die Eisschollen (Hindernisse) auf dem See
- Die Kinder bilden eine Kette und laufen gemeinsam
- Weitere Vorschläge der Kinder aufnehmen

Plötzlich kommt ein kalter Wind und die Kinder laufen schnell nach Hause: Zeitung vor den Körper halten und so schnell laufen, dass sie haften bleibt.

Hauptteil I: Schneeballschlacht

Komplexität I	WERFEN	KOMPLEXITÄT – PRÄZISION		

Zu Hause wollen die Kinder eine Schneeballschlacht machen. Dazu werden aus Zeitungspapier „Schneebälle" geformt und in einen Reifen gelegt. Die Kinder versuchen mit den Schneebällen auf einen „Schneemann" (Figur aus Papier) an der Wand zu werfen (mit rechter und linker Hand).

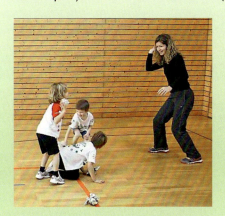 

Hauptteil II: Schneeballweitwurf

Komplexität I/II	WERFEN	PRÄZISIONSDRUCK		

Unter dem Schneemann steht eine Kiste/ein kleiner Kasten. Wer trifft mit dem Schneeball den Schneemann so, dass der Schneeball danach in die Kiste fällt?

Variationen:
- den Schneeball direkt in die Kiste werfen (I)
- Kinder transportieren Papierbälle auf der Hand, dem Kopf usw. zu der Kiste (I/II)

Hauptteil III: Schneeflockenspiel (vgl. Spiel mit Seifenblasen, S. 87)

Komplexität I	WERFEN	SCHLAGEN	ORGANISATION – ZEIT	

Es schneit und wir spielen mit den Schneeflocken (Luftballons). Wir dürfen die Schneeflocken nicht zu lange in der Hand halten, sonst schmelzen sie in unserer Hand.

Hauptteil IV: Schneeballstaffel (vgl. Tunnelball, S. 79)

Komplexität I	KOMPLEXITÄT – ZEIT				

Die Kinder stehen in ihren Mannschaften hintereinander. Auf ein Startzeichen gibt das erste Kind jeder Mannschaft einen Schneeball (Ball aus Zeitungspapier) über den Kopf nach hinten. Das letzte Kind läuft mit dem Papierball nach vorne und stellt sich vor alle anderen Kinder. Von dort gibt es den Ball erneut nach hinten. Dies wird so lange gespielt, bis das erste Kind wieder vorne steht.

Abschluss:

vgl. Abschlussrituale

Stunde 8: Auf dem Wasser

Aufwärmspiel: Achtung Hai

Komplexität I	ZEITDRUCK	WERFEN	FLUGBAHN DES BALLES ERKENNEN	

Zwei Schiffe (Turnmatten) liegen jeweils an den Außenlinien der Halle gegenüber. Die Kinder sind die Fahrgäste und stehen alle auf einer Matte. Der ÜL ist der Hai, der zwischen den beiden „Schiffen" im Meer schwimmt. Der Hai hat einen weichen Ball. Auf das Kommando „Achtung das Schiff sinkt!" müssen alle Fahrgäste so schnell wie möglich auf das andere Schiff schwimmen (vorwärts, rückwärts, auch gerne mit Armbewegungen). Sobald die Kinder im „Wasser" sind, können sie vom Hai abgeworfen werden. Wird ein Kind vom Hai getroffen, verwandelt es sich auch in einen Hai und darf bei der nächsten Runde die anderen Kinder mit abwerfen. Das Spiel wird so lange gespielt, bis alle Kinder zu Haien geworden sind.

Hauptteil I: Schiffe beladen (vgl. Bierdeckel-Transport, S. 83)

Komplexität I	ORGANISATION – PRÄZISION			

Viele kleine Schiffe (Kinder) transportieren verschiedene Waren (Bierdeckel, Sandsäckchen) auf den Schultern oder auf dem Kopf vom Hafen auf ein Containerschiff (mehrere Kartons und Kästen aufeinanderstapeln), weil dieses auf Grund seiner Größe nicht in den Hafen einfahren kann.

Hauptteil II: Segelschiffe (vgl. Fliegendes Tuch, S. 97)

Komplexität I	ZEITDRUCK			

Das Tuch ist das Segel und die Kinder sind die Schiffe.

Hauptteil III: Wassertiere

Komplexität I/II	VARIABILITÄT – PRÄZISION	PRÄZISIONSDRUCK		

Die Kinder machen verschieden Wassertiere nach:

- Sie hüpfen wie ein Frosch
- Sie springen durch einen Reifen wie ein Delfin (der ÜL hält einen Reifen senkrecht knapp über den Boden)
- Sie fassen sich an den Händen und bilden eine Wasserschlange
- Sie stoßen einen (Wasser-)Ball/Luftballon wie die Seelöwen mit dem Kopf weg
- Sie laufen wie ein Krebs und versuchen einen Ball auf dem Bauch zu balancieren

Abschluss:

vgl. Abschlussrituale

Stundenbilder: 4- bis 5-jährige Kinder

Stunde 9: Eisenbahn

Aufwärmspiel: Memory

Komplexität II	ZEITDRUCK			

Der ÜL legt vorab verschiedene Kartenpaare auf eine Matte oder auf den Boden. Das erste Kind läuft auf Startsignal los. An der Bank angekommen, deckt es zwei Memory-Karten auf. Sind gleiche Symbole unter den Karten, darf das Kind diese mitnehmen. Sind die Symbole unterschiedlich, dreht es die Karten wieder um und läuft zurück. Das nächste Kind startet nach der Rückkehr (Abklatschen!).

Hinweise:

- Bei größeren Gruppen mehrere Teams bilden und dementsprechend mehrere Memorys mit etwas Abstand zueinander aufbauen, sodass die Kinder nicht zu lange warten müssen
- Zu Beginn jedes Memory-Paar doppelt auslegen, sodass die Erfolgsquote höher ist
- Wenn das Memory-Spiel selber gestaltet wird, kann es dem Thema entsprechend eine Eisenbahn darstellen

Hauptteil I: Eisenbahn (vgl. S. 107)

Komplexität I	KOMPLEXITÄT – PRÄZISION	VARIABILITÄT – PRÄZISION		

Zwei Kinder halten zwei Stäbe an den Enden fest und fahren wie eine Lokomotive durch die Halle. Die Linien sind die Gleise. Bänke, Kästen und andere Geräte dienen als Tunnel, Brücken und Bahnhöfe.

Hauptteil II: Güterwaggon beladen (vgl. Zaubertuchball, S. 130)

Komplexität II	SPIELPUNKT DES BALLES BESTIMMEN	FANGEN		

Die Kinder stellen sich in eine Reihe und geben die Waren (Bälle) von einem Tuch zum nächsten weiter. Am Ende der Reihe steht ein Güterwaggon (Kasten oder Reifen), in den die Waren abgelegt werden.

Variationen:

- Die Waren müssen durch die Halle transportiert werden, dabei können Hindernisse (z. B. Bank, Kasten) vorwärts oder auch rückwärts überwunden werden (II)

Hauptteil III: Heimfahrt

Komplexität I	DRIBBELN	STOPPEN	ZEITDRUCK	

Die Kinder sind Züge und führen den Ball am Fuß immer den Gleisen (Hallenlinien) entlang. Die Züge fahren erst sehr langsam. Zwischendurch STOP rufen, damit die Kinder den Ball mit den Fuß stoppen. Auf das Klatschkommando „Haltestelle" führen die Kinder den Ball vorwärts oder rückwärts. Dann wird der Zug zu einem ICE. Die Kinder versuchen, schneller zu werden, ohne das Gleis zu verlassen.

Variationen:
• Den Ball auf den Gleisen rollen und mit der Hand stoppen (I)

Hauptteil IV: Über die Gleise (Kosel et al., 2005)

Komplexität II	KOMPLEXITÄT – PRÄZISION			

Die Kinder stellen sich jeweils zu zweit hintereinander. Eines der Kinder legt sich auf den Boden und wird zum Bahngleis. Das andere Kind springt über das Gleis und legt sich danach ebenfalls auf den Boden, um übersprungen zu werden.

Hinweise:

* Die Kinder legen sich am besten seitlich auf den Boden. Es darf nur über die Beine gesprungen werden. Von einer Hallenwand zur anderen spielen, damit alle Kinder in die gleiche Richtung springen

Variationen:

* Es legen sich drei bis vier Kinder mit Abstand hintereinander. Wenn das letzte Kind übersprungen wurde, steht das erste auf und springt hinterher (II)

Abschluss:

vgl. Abschlussrituale

Stunde 10: Im Land der Moorhexe

Einführung in das Thema

Gespräch über Hexen. Gibt es sie? Wie sehen sie aus? Wo leben sie?

Aufwärmspiel: Hexentanz (Kosel et al., 2005)

Komplexität II	KOMPLEXITÄT – ZEIT & PRÄZISION	VARIABILITÄT – PRÄZISION		

Es werden ca. 80 Bierdeckel gleichmäßig im Raum verteilt. Heute wollen wir die Moorhexe suchen. Auf dem Weg zum Moor gibt es viele Löcher (Bierdeckel), in die wir nicht fallen dürfen. Die Kinder versuchen, sich zwischen den Bierdeckeln zu bewegen ohne einen zu berühren. Dabei die Laufarten (vorwärts, rückwärts, seitwärts, hüpfen, schleichen, auf Zehenspitzen, auf den Hacken, im Entengang) und das Lauftempo ändern. Als wir im Moor angekommen sind, treffen wir die Hexe, die sehr nett ist und mit uns ein Hexenspiel spielt: Auf das Kommando der Hexe (ÜL) sollen die Kinder:

- sich auf einen Stein (Bierdeckel) setzen
- auf einem Bein auf einen Stein stellen
- von einem zum nächsten Stein hüpfen
- Immer zu zweit einen Stein aufheben und zwischen die Schultern/den Rücken/die Stirn einklemmen

Hauptteil I: Bälle im Moor

Komplexität II	PRÄZISIONSDRUCK	KOMPLEXITÄT – PRÄZISION		

Beim Spielen haben die Kinder leider die Bälle verloren, die nun aus dem gefährlichen Moor geholt werden müssen: der ÜL zeigt auf die Steine (Bierdeckel) im Moor: „Wer kann einen Ball holen, ohne in das Moor zu treten?" Die Kinder balancieren auf den Steinen und/oder auf einer Bank zu einem Reifen/Kasten mit Bällen, holen sich jeweils einen Ball und transportieren ihn zurück.

Hinweise:
* Für den Hin- und Rückweg ausreichend Platz schaffen, sodass die Kinder aneinander vorbeilaufen können, z. B. zwei Bänke hinstellen oder zwei Wege mit Steinen markieren

Hauptteil II: Hexenfest

Komplexität I	KOMPLEXITÄT – PRÄZISION			

Die Kinder nehmen sich einen Hockeyschläger, klemmen ihn zwischen die Beine und reiten zum „Hexenfest". Sprechen und Bewegen zu einem Hexenspruch: „121 hungrige Hexen reiten 121mal um das heiße Hexenfeuer."

Hauptteil III: Hexenbesen (vgl. Eng am Schläger, S. 147)

Komplexität II	PRÄZISIONS-DRUCK	SCHLAGEN DRIBBELN		

Nach den Hexenspielen muss aufgeräumt werden: mit dem Hexenbesen (Schläger) auf den Linien entlang fegen (ohne Ball).

Hauptteil IV: Hexenspiele (vgl. Low-T-Ball, S.199)

Komplexität III	SCHLAGEN	STOPPEN		

Die Hexen spielen mit ihren Besen (Hockeyschläger) das Hexenspiel. Dazu wischen Sie den Hexenbesen über den Boden, bevor sie die Zauber-kugel auf die andere Seite „wischen".

Abschluss:

vgl. Abschlussrituale

Stunde 11: Geisterstunde

Einführung in das Thema:

Die Kinder erzählen lassen, was sie über Gespenster wissen. Dabei können Sie die Joghurtbecher, die die Gespenster darstellen sollen, mit einem Gesicht bemalen.

Aufwärmspiel:

Komplexität I	KOMPLEXITÄT – PRÄZISION			

Die Kinder bekommen jeweils einen (bemalten) Joghurtbecher (0,5l) oder ein ähnliches Gefäß. Die Joghurtbecher sind die Gespenster, die in der Burg schlafen, weil gerade Tag ist. Zum Aufwärmen werden die Gespenster auf den Boden gestellt. Die Kinder laufen durch die Burg (auf Musik), um die Gespenster herum, sodass diese nicht aufwachen. Dann werden die Kinder etwas mutiger und springen über die Gespenster oder tippen sie mit verschiedenen Körperteilen an.

Hauptteil I: Kunststücke mit Gespenstern und Tennisbällen
             (Kosel et al., 2005)

Komplexität II	PRÄZISIONSDRUCK	KOMPLEXITÄT – PRÄZISION		

Die Gespenster sind aufgewacht und wollen ein bisschen spielen. Jedes Kind nimmt sich sein Gespenst und bekommt zusätzlich einen Tennisball. Zunächst sollen die Kinder frei die Bewegungsmöglichkeiten mit den beiden Geräten (Joghurtbecher und Tennisball) erproben. Anschließend greift der ÜL Ideen der Kinder auf, die alle nachmachen sollen, z. B.:

- Den Ball in den Becher legen und herausrollen lassen
- Den Ball im Becher kreiseln lassen
- Ball auf den Boden rollen, hinterherlaufen und wieder in den Becher hineinrollen lassen
- Becher über den Ball stülpen und vorsichtig über den Boden schieben
- Becher herumdrehen und auf dem Becherboden den Ball balancieren

- Ball hochwerfen oder gegen die Wand werfen und mit dem Becher wieder fangen (mit und ohne aufprellen)
- Ball hochwerfen, sich drehen, den Ball einmal aufkommen lassen und mit dem Becher wieder fangen

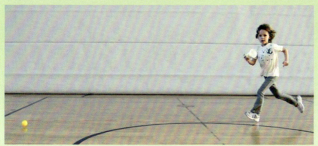

Hinweise:
* Die Kinder dazu ermuntern beide Hände zu verwenden
* Die Übungsformen können auch als Partnerübung durchgeführt werden

Hauptteil II: Gespensterboxen (vlg. Boxen, S. 173)

Komplexität II	SPIELPUNKT DES BALLES BESTIMMEN	PRÄZISIONS-DRUCK	WERFEN	FANGEN

Die geworfenen Bälle sind Gespenster, die sich freuen, wenn sie fliegen dürfen.

Hauptteil III: Gespensteralarm (Krug & Asmus, 2012)

Komplexität II	WERFEN	ZEITDRUCK		

Die Gespenster haben von der ganzen Bewegung Hunger bekommen und wollen die Speisekammer plündern. Die Burgherren wollen sie aber davon abhalten. An eine Breitseite der Halle werden mehrere Reifen gelegt und in sie hinein ca. 40 bis 50 verschiedene Gegenstände verteilt (Speisekammerinhalt, z. B. Tücher, Sandsäckchen, kleine Ringe, Bierdeckel usw.). Auf der anderen Breitseite werden ebenfalls Reifen ausgelegt. Diese stellen das Schlafgemach der Geister dar. Auf einer Matte an der Längsseite der Halle werden ca. 20 Softbälle platziert. Auf diese Matte legt sich der Burgherr auf den Rücken und schläft. Dabei hält er einen Softball in den Händen. Alle anderen Kinder sind Gespenster und verweilen im Schlafgemach. Sobald die Geister den Burgherren schnarchen hören, machen sie sich leise auf den Weg zur Speisekammer, nehmen sich ein Gegenstand und bringen ihn schnell ins Schlafgemach in Sicherheit. Ruft der ÜL „Gespensteralarm", springt der Burgherr auf und versucht, die Gespenster abzuwerfen. Dabei darf er seine Matte nicht verlassen. Die Gespenster versuchen wegzulaufen. Wenn sie im Schlafgemach angekommen sind, sind sie in Sicherheit. Wurde ein Geist getroffen, muss er seinen Gegenstand wieder in die Speisekammer ablegen und wird auch zum Burgherren. Die verworfenen Bälle werden von allen eingesammelt und die Gespenster schleichen wieder los, wenn die Burgherren schnarchen. Schaffen es die Gespenster, die Speisekammer zu leeren, bevor alle getroffen wurden?

Variationen:
- Die Gespenster bewegen sich unterschiedlich fort (II)

Abschluss:

vgl. Abschlussrituale

Stunde 12: Im Zirkus

Aufwärmspiel: Puzzlestaffel

Komplexität II	ZEITDRUCK	PRELLEN		

Zwei Mannschaften spielen gegeneinander. An einer der Hallengrundlinien liegen für jede Mannschaft einige Puzzleteile verstreut. Das Ziel der beiden Mannschaften ist es, alle Puzzleteile ihres Puzzles zu ihrer Startposition zu bringen und das Puzzle zusammen zusetzen. Passend zum Thema der Stunde sollte das Puzzle am Ende z. B. ein Zirkuszelt zeigen.

Hinweise:
- Anstelle eines Puzzles kann auch ein Bild zerschnitten werden

Variationen:
- Die Kinder starten mit dem Ball und laufen prellend zum Puzzleteilhaufen, holen ein Puzzleteil, laufen zurück zur Mannschaft (III) und übergeben den Ball an den Nächsten usw. (III)

Hauptteil I: Beim Jongleur

Komplexität I	PRÄZISIONSDRUCK	KOMPLEXITÄT – PRÄZISION		

Einen Ball mit gestreckten Armen hochhalten und zuerst auf beiden Handflächen, dann abwechselnd auf je einer Handfläche balancieren.

Variationen:
- Einen Ball von einer Hand in die andere übergeben: Handteller (I) bzw. Handrücken (III)
- Kinder experimentieren und zeigen ihre „Kunststücke" (z. B. auf einem Bein stehen) (III)

Hauptteil II: Affenzirkus (vgl. Schwänzchen fangen, S. 153)

Komplexität II	ZEITDRUCK	ANBIETEN & ORIENTIEREN		

Nach dem Jongleur kommen die Affen (Kinder) in die Manege. Jeder Affe hat ein Tuch an seinen Schwanz gebunden (hinten in die Hose der Kinder stecken). Die Affen versuchen, sich gegenseitig die Tücher zu klauen. Hat ein Affe ein Tuch geklaut, bringt er es dem Zirkusdirektor (ÜL). Sind alle Tücher beim Direktor ist die Zirkusnummer zu Ende und die Affen verbeugen sich.

Hauptteil III: Ballartist (vgl. S. 113)

Komplexität II	ORGANISATION – PRÄZISION	KOMPLEXITÄT – PRÄZISION		

Die Artisten (Kinder) machen verschiedene Kunsttücke mit dem Ball vor.

Abschluss:

vgl. Abschlussrituale

Stunde 13: Im Wald 2

Aufwärmspiel: Hase und Jäger (vgl. Verzaubern und Erlösen, S. 169)

Komplexität II	FLUGBAHN DES BALLES ERKENNEN	WERFEN	KOMPLEXITÄT – ZEIT & PRÄZISION	

Der Fänger ist der Jäger, der die Hasen mit dem Ball treffen muss.

Hauptteil I: Vögelchen flieg

Komplexität I	WERFEN	FANGEN		

Jedes Kind hat einen Luftballon. Die Luftballons sind Babyvögel, die springen und fliegen lernen. Alle Kinder werfen den „Vogel" auf Kommando von der Linie und versuchen, ihn gleich wieder aufzufangen, bevor er „wegfliegt".

- Alle Kinder werfen den Vogel nur mit einer Hand
  (zuerst rechts, dann links)
- Alle Kinder werfen den Vogel rückwärts
- Alle Kinder werfen den Vogel rückwärts durch die Beine
- Die Kinder stellen sich mit dem Gesicht zur Wand und bewegen den Vogel (mit beiden Händen) von unten nach oben mit den Fingerspitzen

Variationen:

• Wenn es mit dem Luftballon gut klappt, kann man stattdessen auch verschiedene Bälle verwenden (II)

Hauptteil II: Abenteuerwald

Komplexität II	WERFEN	FANGEN	DRIBBELN	SCHLAGEN

Es wird ein Parcours aufgebaut und als Abenteuerwald vorgestellt, in dem die Kinder verschiedene Stationen meistern müssen: Alle Kinder haben einen Ball und stellen sich in eine Reihe. Das erste Kind steigt auf einen Berg (kleiner Kasten), wirft den (Zauber-)Ball zum ÜL, springt ins Wasser (auf eine Matte), läuft bis zum Ende des Wassers, fängt dort den Ball vom ÜL wieder, nimmt sich einen Hockeyschläger, durchläuft mit dem Schläger und dem Ball einen Slalomparcours (zwischen Felsbrocken hindurch) und schießt am Ende durch ein Hütchentor. Den Schläger zurücklegen und wieder anstellen.

Hinweise:

* Der Parcours kann dem Alter und Entwicklungsstand der Kinder angepasst werden

Hauptteil III: Bärenhöhle

Komplexität II	WERFEN	BALLBESITZ KOOPERATIV SICHERN		

Es wird ein kleiner Kasten auf den Boden gestellt und der ÜL verteidigt diesen gegen die Kinder, die ihre Bälle in den Kasten rein werfen wollen. Um den Kasten herum grenzt der ÜL mit Hütchen ein rundes Feld ab. Der Kasten ist die Bärenhöhle und die Kinder sind Waldtiere, die den Bären ärgern und Tannenzapfen, Schneebälle usw. (Bälle) in die Höhle des Bären werfen wollen. Die Kinder versuchen, durch geschicktes Zupassen des Balles, den ÜL auszutricksen und den Ball in den Kasten (Höhle) zu werfen. Dabei dürfen sie das abgegrenzte Feld um die Höhle herum nicht betreten, da dort der Bär lauert.

Hinweise:

* Statt eines kleinen Kastens kann auch ein Reifen oder ein Ballwagen verwendet werden

Abschluss:

vgl. Abschlussrituale

Stunde 14: Ostern

Aufwärmspiel: Nestsuche

Komplexität I	KOMPLEXITÄT – ZEIT & PRÄZISION	VARIABILITÄT – ZEIT & PRÄZISION		

Die Osterhasen (Kinder) hüpfen und springen im Raum herum. Auf dem Boden liegt für jeden Osterhasen ein Nest (Reifen). Es wird Musik abgespielt. Wenn die Musik gestoppt wird, sucht sich jeder Osterhase ein Nest, in das es sich reinsetzt oder -stellt. Nach jedem Durchgang wird ein Nest entfernt, d. h. die Osterhasen müssen sich zu zweit, dritt usw. ein Nest teilen, bis am Ende alle in einem Nest stehen.

Hauptteil I: Eierrollen

Komplexität I	KOMPLEXITÄT – PRÄZISION			

Die Kinder sitzen jeweils zu zweit im Grätschsitz, mit den Fußsohlen aneinander und rollen sich die Eier (Bälle) vorsichtig zu.

Variationen:

* Die Eier vorsichtig zuwerfen
* Die Eier im Stehen (rückwärts) durch die Beine rollen (II)
* Abstände vergrößern (I/II)

Hauptteil II: Aufgabenwürfeln

Komplexität I/II	WERFEN	FANGEN	KOMPLEXITÄT – PRÄZISION	PRÄZISIONSDRUCK

Für jede Augenzahl des Würfels wird eine Bewegungsaufgabe festgelegt, z. B.:

1. Eierweitwurf: die Kinder werfen die Eier (Bälle) mit beiden Händen über den Kopf so weit wie möglich und holen sie möglichst schnell wieder
2. Tücher hochwerfen und wieder fangen
3. Das Ei bis zur Hallenwand und wieder zurück rollen
4. Das Ei hochwerfen, mit beiden offenen Händen von unten dagegen schlagen und anschließend fangen
5. Das Ei auf den ausgestreckten Beinen balancieren (Beine leicht anheben und mit den Händen hinten abstützen)
6. Das Kind das gewürfelt hat darf auswählen oder etwas vormachen

Ein Kind beginnt und würfelt. Alle Kinder führen die passende Bewegungsform zur gewürfelten Zahl gemeinsam aus.

Variationen:

- Statt sechs verschiedener Bewegungsformen können auch nur drei
  angeboten werden (immer zwei Zahlen werden zusammengefasst
  oder es zählen nur die Ziffern eins bis drei) (II)
- Es kann auch mit einem Farbwürfel gespielt werden (II)

Hauptteil III: Balltransport (vgl. Zaubertuchball, S. 129)

Komplexität I	ZEITDRUCK			

Die Eier (Bälle) werden im Raum verteilt und müssen schnell wieder mit dem Tuch in das Nest (kleiner Kasten) zurück gebracht werden.

Abschluss:

vgl. Abschlussrituale

Stundenbilder: 5- bis 6-jährige Kinder

Stunde 15: Im Wunderland

Aufwärmspiel: Zwerg und Riese

Komplexität III	ZEITDRUCK	VARIABILITÄT – ZEIT	PRELLEN	

Alle Bälle liegen auf einer kleinen Matte, dem „Haus des Riesen". Die Zwerge (Kinder) stehen zunächst alle in ihrem „Zwergenheim" (Tor 1). Der Riese (ÜL) hat ihnen alle Edelsteine gestohlen, die sie jetzt zurückholen möchten. Der Riese bewacht jedoch seine Matte und versucht, die Zwerge zu fangen. Gelingt ihm dies, bringt er sie in sein Verlies (Tor 2), an dem sie durch Berührung ihrer Mitspieler wieder entkommen/befreit werden können. Die Zwerge dürfen sich immer nur einen Ball stehlen und laufen mit diesem prellend durch die Halle zur Kasten-Bank-Kombination. Solange sie den Ball prellen, kann der Riese sie nicht fangen. An der Kasten-Bank-Kombination wird der Ball die schiefe Ebene herunter gerollt. Schaffen sie es, dass der Ball unten im Reifen ankommt, gehört dieser Edelstein wieder ihnen und darf ins Zwergenheim (Tor 1) gelegt werden. Trifft der Ball nicht den Reifen, gehört er wieder dem Riesen und muss ins Riesenhaus zurückgerollt werden. Der Riese sammelt die Bälle ein und legt sie wieder auf seine blaue Matte.

Hauptteil I: Zauberer und Zwerge

Komplexität II	WERFEN	VARIABILITÄT – ZEIT	

In der Halle werden viele Bälle und Reifen in verschiedenen Farben ausgelegt. Ein Kind oder der ÜL ist der Zauberer. Der Zauberer sitzt in einem Reifen und bekommt einen besonderen Ball (z. B. Regenbogenball) und ein Hütchen als Zauberhut. Die anderen Kinder sind Zwerge und hüpfen vergnügt in der Halle herum. Plötzlich nimmt der Zauberer den Zauberhut vom Kopf und benutzt ihn als Sprachrohr: „Hokuspokus Fidibus, ich, der große Zauberer verzaubere alle Kinder, die nicht …":

- in einem roten Reifen stehen und einen Ball um sich herum rollen

- zu zweit in einem Reifen stehen und sich einen Ball zuwerfen und fangen usw.

Bis die Zwerge ihre Aufgabe erfüllt haben, können sie vom Zauberer mit dem Zauberball abgeworfen werden. Wurde ein Kind abgeworfen, stellt es sich in Grätschstellung auf und kann von den anderen Zwergen befreit werden, in dem diese durch die gegrätschten Beine kriechen. Das Kind, das zuerst abgeworfen wurde, wird der nächste Zauberer. Der Zauberer überlegt sich immer neue Aufgabenstellungen.

Hauptteil II: Die Drachen und ihre goldenen Eier
              (vgl. Über die Mitte, S. 143)

Komplexität II/III	LÜCKE ERKENNEN	ANBIETEN & ORIENTIEREN	LAUFWEG ZUM BALL BESTIMMEN	

Das Spielfeld wird in drei gleichgroße Felder eingeteilt. Im mittleren Teil leben die Drachen, sie dürfen ihr Land nicht verlassen. In den äußeren Teilen leben die Zwerge. Die goldenen Dracheneier (Bälle) liegen im Drachenland in einem Nest (Reifen). Nachts schlafen die Drachen (zwei bis drei Kinder) im Drachenland und merken nicht, wie sich die Zwerge in ihr Land schleichen und alle goldenen Eier stehlen. Als sie dies morgens feststellen, sind sie sehr böse und wollen die Eier zurückhaben. Die frechen Zwerge rollen die Eier durchs Drachenland hin und her und die Drachen versuchen die Eier zu schnappen und wieder in ihr Nest zu legen. Ist ihnen dies gelungen, werden die Drachen ausgewechselt.

Variationen:
• Die Bälle können auch geworfen werden (bis auf Schulterhöhe) (III)

Hauptteil III: Zwergenluftballon (vgl. Luftballontennis, S. 207)

Komplexität II	SCHLAGEN	SPIELPUNKT DES BALLES BESTIMMEN	FLUGBAHN DES BALLES ERKENNEN	

Nachdem die Drachen alle ihre Eier wieder zurückerobert haben, ist es den Zwergen langweilig. Sie überlegen sich ein neues Spiel. Der Zwergenkönig (ÜL) schlägt Zwergenluftballon vor. Die Zwerge sollen versuchen, in möglichst vielen verschiedenen Positionen den Luftballon in die Luft bzw. zum Partnerzwerg zu spielen. Welcher Zwerg hat die lustigste Idee?

Abschluss:

vgl. Abschlussrituale

Stunde 16: Würfelparcours

Einführung in das Thema

Die Kinder sprechen anhand von Zahlensymbolen und einem Würfel über ihre Zahlenkenntnisse und benennen die Zeichen und Würfelanzeigen von eins bis sechs. Die Kinder bestimmen Zahlen/Anzahlen für Gegenstände aus der Umgebung (Kinder, Bälle, Gruppeneinteilung usw.)

Aufwärmspiel: Feuer, Wasser, Sturm

Komplexität III	ZEITDRUCK	KOMPLEXITÄT – ZEIT & PRÄZISION		

Alle Kinder laufen kreuz und quer durch die Halle und achten auf das Kommando des ÜL. Das Spiel wird zu Beginn ohne Ball gespielt. Folgende Aufgaben können ausgeführt werden:

- Feuer – alle Kinder rennen in eine Ecke
- Wasser – alle Kinder retten sich auf eine Bank
- Sturm – alle Kinder machen sich ganz klein, oder legen sich flach auf den Boden
- Eis – alle Kinder erstarren
- Popcorn – alle Kinder springen so hoch wie möglich
- Krabbelkäfer –- alle Kinder legen sich auf den Rücken und strampeln mit den Armen und Beinen
- Wackelpudding – alle Kinder schütteln sich (auch in aufbauender Reihenfolge „Zuerst die Beine, dann Arme, dann den Kopf – bis alles geschüttelt wird")
- Brücke – alle Kinder machen eine Brücke (mit dem Gesicht zum Boden)
- Wackelbrücke – alle Kinder machen eine Brücke und heben zusätzlich einen Fuß

Wenn Bälle dazu genommen werden sollen folgende Aufgaben ausgeführt werden:

- Feuer – alle Kinder halten den Ball über den Kopf und rennen in eine Ecke
- Wasser – alle Kinder laufen auf die Bank und prellen den Ball von der Bank auf den Boden
- Sturm – alle Kinde legen sich mit dem Bauch auf den Ball
- Popcorn – den Ball hochwerfen, aufkommen lassen und fangen

Hinweise:
*   Abhängig vom Alter und Könnensstand der Kinder können die
    Aufgaben zu Feuer, Wasser und Sturm verändert werden

Hauptteil I: Würfelstationen

	PRÄZISIONSDRUCK STATION: 1	WERFEN STATIONEN: 2,3,5	FANGEN STATIONEN: 3,5
Komplexität III	DRIBBELN/SCHLAGEN STATION: 4	KOMPLEXITÄT – ZEIT & PRÄZISION STATION: 4	

Der ÜL zeigt die fünf mit Zahlen markierten Übungsstationen und erklärt,
was zu tun ist:

Station 1: Mit dem Ball zeichnen
Auf dem Fußboden sind verschiedene großformatige Zahlen mit Kreide
aufgemalt, mit Malerkrepp geklebt oder aus farbigem Karton ausgeschnit-
ten. Die Kinder rollen nun den Ball mit der Hand auf den Zahllinien entlang.

Variationen:

* Ball am Fuß führen (I)
* Mit Schläger und Luftballon auf den Zahlen laufen
* Prellend an den Zahlen entlang laufen
* Ball während des Laufens hochwerfen und auffangen
* Auf den Zahlen einbeinig hüpfen
* Mit verschlossenen Augen rollen (III)

Station 2: Ringwurf (vgl. S. 151)
Mit Zielvorgabe, z. B. dreimal durch den Reifen werfen.

Station 3: Hoch den Ball
Zwei Hütchen werden in einem Abstand von ca. fünf bis sechs Metern aufgestellt. Die Kinder laufen mit einem Ball um die Hütchen herum und versuchen während des Laufens den Ball immer wieder hoch zu werfen und
zu fangen. Den Kindern ein Ziel vorgeben, z. B. dreimal den Ball fangen
oder zählen lassen wie oft der Ball gefangen werden kann, bevor er runter
fällt.

Station 4: Hütchenwald (vgl. S. 115)

Verschiedene Bälle und Schläger zur Verfügung stellen, sodass die Kinder frei wählen können, wie sie den Slalom bewältigen.

Station 5: Wand(ab)praller (vgl. S. 165)

Das Kind steht in einem Abstand von 1,5 bis zwei Metern vor einer Wand. Es wirft den Ball gegen die Wand und lässt ihn vor dem Fangen einmal aufkommen. Wenn es gut funktioniert, kann der Ball auch ohne aufkommen gefangen werden.

Hinweise:
* Mit unterschiedlichen Bällen üben

Variationen:
* Ball beidhändig aus der Überkopfposition gegen die Wand werfen (II)
* Vor dem Auffangen des Balles in die Hände klatschen
  oder sich drehen (II/III)
* Ball unter dem rechten/linken Bein an die Wand werfen (III)

Durchführung der Aufgaben:
Die Kinder teilen sich in Gruppen auf, mit jeweils zwei bis drei Kindern. Jede Gruppe würfelt eine Zahl, mit der dann die erste Übung absolviert wird. Wird eine Zahl von mehreren Gruppen doppelt gewürfelt, wird das Würfeln wiederholt, bis jede Gruppe an ihrer ersten Station beginnen kann. Ist eine Station bewältigt, wird erneut gewürfelt. Bei einer sechs kann die Station frei gewählt werden.

Hinweise:
* Bevor die Kinder würfeln sollte der ÜL gemeinsam mit der Gruppe die Stationen durchgehen und besprechen bzw. vormachen, wie die Übung funktioniert
* Wird das Stationstraining das erste Mal mit den Kindern durchgeführt, empfiehlt es sich, die Stunde mit zwei ÜL zu organisieren und/oder nur drei bis vier Stationen anzubieten
* Als Erinnerung für die Kinder helfen kleine Zeichnungen oder Fotos an den Stationen
* Die Bälle an den Stationen in Reifen legen, damit sie nicht wegrollen
* An jede Station eine Nummer von eins bis fünf legen

Abschluss:

Würfelspiel im Kreis: kleine Zettel mit Zahlen von eins bis sechs, Würfel, große Zahlenblätter. Die Kinder würfeln und saugen mit einem Strohhalm das gewürfelte Blättchen an und legen es auf das große Zahlenblatt. Als Zahlenblätter können die Nummerierungen von den Stationen verwendet werden.

Stunde 17: Im Zoo

Einführung in das Thema:

Die Kinder erzählen von ihren Erlebnissen im Zoo: Was macht man in einem Zoo? Welche Tiere gibt es dort? Und als Überleitung zum ersten Spiel: wie begrüßen sich die Tiere, wenn sie morgens aufwachen?

Aufwärmspiel: Tier-Begrüßung (Carl & Hennig, 2011)

Komplexität II	PRÄZISIONSDRUCK	VARIABILITÄT – ZEIT		

Die Kinder laufen frei in der Halle herum und auf ein Signal suchen sie einen Partner und begrüßen sich, wie vorab besprochen. Begrüßungsbeispiele:

- wie zwei Fische (Mund auf und zu)
- wie Elefanten (mit einem Arm als Rüssel)
- wie Ameisen (mit den Fingerspitzen als Fühlern)
- wie Gorillas (auf die Brust trommeln)
- wie Katzen (Stirnen leicht aneinander oder Backe an der Schulter reiben des anderen Kindes reiben)
- wie Störche (mit den Armen das Klappern imitieren und dabei den Kopf in den Nacken legen)
- wie zwei Walrösser (auf den Boden legen und leicht gegeneinander rollen)

Hauptteil I: Die Zootiere

Komplexität III	DRIBBELN	ZEITDRUCK		

Verschiedene Tierkarten werden gut gemischt und am Hallenende auf einer Matte verteilt. Die Kinder werden in Teams mit jeweils zwei bis drei Kindern eingeteilt. Jedes Team bekommt einen Tiernamen. Die Teamnamen entsprechen den Tieren auf den Karten, die aus dem Zoo weggelaufen sind. Die Aufgabe der Kinder ist es, die Tiere wieder zurück zu bringen. Jedes Team hat einen Reifen, in dem die gefangenen Tiere (Karten) gesammelt werden. Jedes Team bekommt einen Hockeyschläger und einen Ball. Die Kinder stellen sich in eine Reihe und die ersten dribbeln mit dem Schläger auf Kommando los. Wenn die Kinder bei den Tierkarten angekommen sind, dürfen sie eine umdrehen. Ist das falsche Tier unter der Karte, wird das Hütchen wieder umgedreht und das Kind läuft mit dem Ball und Schläger zurück und übergibt den Schläger dem Nächsten. Ist das richtige Tier unter der Karte, nimmt das Kind die Karte mit. Welches Team hat zuerst alle weggelaufenen Tiere wieder eingefangen?

Hinweise:
*   Mit den Kindern die Tiere auf den Karten besprechen
    (wo leben sie, was für Geräusche machen sie)

- Pro Kind zwei Tierkarten bereitlegen, sodass möglichst jedes Kind mindestens einmal eine Karte mitnehmen kann

Variationen:
- Mit dribbeln, prellen (III) oder laufen (ohne Ball) (II)
- Auf den Laufweg können Hütchen aufgestellt werden, um die die Kinder mit dem Schläger den Ball führen sollen (III)

Hauptteil II: Zaubertiere

Komplexität III	VARIABILITÄT – PRÄZISION	PRELLEN	FANGEN	

Die Kinder überlegen sich zwei Tiere, aus denen das Zauberwort entsteht, z. B. das schnellste und das langsamste Tier der Welt („Schneckenge-pard") oder ein Tier, das im Wasser lebt und eines, das an Land lebt („Fi-schelefant"), ein gefährliches und ein ungefährliches („Löwenraupe") usw. Die Eigenschaften der Tiere bestimmen die Bewegungen der Kinder. Bei-spiel „Schneckengepard": Der ÜL ruft Gepard und alle rennen so schnell es geht; Der ÜL ruft Schnecke und alle laufen in Zeitlupe. Bei Schnecken-gepard bleiben alle stehen und erfüllen eine Aufgabe, z. B.:

- Bodenknaller: Jedes Kind hat einen Ball. Die Aufgabe besteht darin, den Ball vor sich auf den Boden zu werfen (druckvoller Prellwurf), den Ball hochspringen lassen und ihn anschließend sicher im Stand zu fangen. Den Kindern ausreichend Raum geben (I)

Hauptteil III: Tauchgang

Komplexität II	WERFEN	PRELLEN	KOMPLEXITÄT – ZEIT	FANGEN

Wir sind bei den Seelöwen. Jeder Seelöwe (Kind) hat einen Ball und macht damit verschiedene Übungen:

*   Die Seelöwen werfen den Ball senkrecht so hoch wie möglich oder prellen den Ball vor sich kräftig auf den Boden. Danach wird nach jedem Ball-Bodenkontakt unter dem Ball „durchgetaucht". Dabei die Anzahl der „Tauchdurchgänge" mitzählen.
*   Die Seelöwen setzen oder legen sich auf ihre Felsen (Boden) und werfen ihre (weichen) Bälle/Luftballons senkrecht nach oben und fangen sie nach einer Zusatzaufgabe (z. B. Flossen (Hände) klatschen hinter dem Rücken, „Pokreisel") wieder.

Variationen:
*   Ball auf den Kopf legen, fallen lassen und fangen (II)
*   Oder ein Seelöwe macht eine Übung vor: „Wer kann das?" und die anderen machen sie nach (II)

Abschluss:

vgl. Abschlussrituale

Stunde 18: Karneval

Einführung in das Thema:

Die Narren sind los! Es ist Karneval. Die Kinder fragen: „Was macht man an Karneval?" „Wart ihr schon einmal verkleidet?" Heute gibt es einen großen Umzug.

Aufwärmspiel: Schwungtuch (Krug & Asmus, 2012)

Komplexität II	PRÄZISIONSDRUCK	FANGEN		

Beim Umzug werden Süßigkeiten geworfen. Wir haben ein extra großes Tuch (Schwungtuch) mitgebracht, mit dem die Süßigkeiten (Bälle/Luftballons) aufgefangen werden können. Die Kinder stellen sich im Kreis auf und halten das Schwungtuch. Als erstes schwingen alle Kinder gleichzeitig das Schwungtuch in die Höhe, damit die Süßigkeiten nicht auf den Boden fallen. Danach schwingen die Kinder wechselseitig, sodass die Süßigkeiten rundherum rollen.

Variationen:

• Die Kinder drehen sich zur Seite und halten das Schwungtuch nur mit der rechten (oder der linken) Hand. Der ÜL gibt das Tempo vor, indem sich die Kinder mit dem Tuch bewegen. Aufpassen, dass die Bälle/Luftballons auf dem Schwungtuch bleiben (II)

Hauptteil I: Ballhüpfer

Komplexität II	ORGANISATION – ZEIT & PRÄZISION			

Die Kinder sind Clowns. Es werden zwei bis drei Mannschaften gebildet. Mit dem Luftballon zwischen den Beinen hüpft jeweils der erste Clown aus jeder Mannschaft schnell eine (kurze) vorgegebene Strecke hin und zurück und übergibt den Luftballons an den nächsten. Wenn vorhanden können die Kinder auch eine Clownsnase aufsetzen.

Hauptteil II: Tanzende Süßigkeiten

Komplexität II	FANGEN	SCHLAGEN		

Die Ballons sind die Süßigkeiten, die durch die Luft fliegen, weil sie von den Wagen geworfen werden (Die Kinder laufen mit den Luftballons zur Musik). Stoppt die Musik fangen die Kinder die Süßigkeiten auf.

Hauptteil III: Umzugswagen beladen (vgl. Passball, S. 179)

Komplexität III	ZEITDRUCK	WERFEN	FANGEN	

Der Umzugswagen muss schnell wieder mit den Süßigkeiten beladen werden.

Hauptteil IV: Müllmänner (vgl. Reifenhockey, S. 119)

Komplexität II	ORGANISATION – PRÄZISION	KOMPLEXITÄT – PRÄZISION	SCHLAGEN	

Durch den ganzen Umzug gibt es viel Müll (Bälle, Luftballons), der beseitigt werden muss. Die Kinder sind Müllmänner und transportieren den Müll zur Müllhalde (mit einem Reifen oder einem Hockeyschläger). Die Straßen (Seile oder Hütchen) sind nicht ganz gleichmäßig. Es gibt Kurven und Hindernisse, die die Müllmänner umfahren müssen, ohne dabei ihren Müll zu verlieren (ans Ende der Straße einen Reifen legen, in den die Kinder ihren Müll ablegen können).

Abschluss:

vgl. Abschlussrituale

Stunde 19: Im Kaufhaus

Aufwärmspiel: Einkaufszettel (Krug & Asmus, 2012)

Komplexität III	ZEITDRUCK			

Vorbereitung: Einkaufslisten erstellen, d. h. Zettel, auf denen verschiedene Bälle oder andere Kleingeräte abgebildet sind.

Es werden Gruppen von zwei bis drei Kindern gebildet. Jede Gruppe bekommt einen Einkaufszettel, auf dem Kleingeräte abgebildet sind. In vier bis fünf Reifen oder kleinen Kästen liegen an einem Ende der Halle die verschiedenen Kleingeräte verteilt. Auf der anderen Hallenseite stehen die Kinder in ihren Kleingruppen hinter einem Hütchen. Auf ein Startsignal läuft von jeder Gruppe ein Kind los und holt sich das erste Kleingerät, das auf dem Einkaufszettel abgebildet ist. Wenn es wieder bei der Gruppe angekommen ist, übergibt es den Zettel dem nächsten Kind, das das nächste Kleingerät holen muss. Gewonnen hat die Gruppe, die zuerst den Einkaufszettel abgehakt hat.

Hauptteil I: Tuchabteilung (vgl. Fliegendes Tuch, S. 97; Abwerfen, S. 183)

Komplexität II	WERFEN	PRÄZISIONSDRUCK	ZEITDRUCK	

Nun machen wir einen Rundgang durch das Kaufhaus. Dabei kommen wir zuerst in die Schalabteilung in der es ganz viele verschiedene Tücher (Tücher) gibt. Jedes Kind kann sich eins aussuchen und zunächst anprobieren (um den Hals oder andere Körperteile wickeln) und anschließend ausprobieren, was man mit dem Tuch noch alles machen kann. Die Kinder demonstrieren ihre Übungen.

Hauptteil II: Schlappenhockey (vgl. S. 201)

Komplexität III	ANBIETEN & ORIENTIEREN	LÜCKE ERKENNEN	SPIELPUNKT DES BALLES BESTIMMEN	

Nach der Tuchabteilung laufen wir weiter durch das Kaufhaus. Wir kommen schließlich in der Schuhabteilung an, in der wir neue Schuhe anprobieren wollen. Dazu ziehen wir alle einen Schuh aus. Da kommt ein Ball aus der Spielwarenabteilung gerollt und wir beschließen Schlappenhockey zu spielen.

Hauptteil III: Diamanten-Raub im Kaufhaus

Komplexität II	WERFEN	PRELLEN	KOMPLEXITÄT – ZEIT	

Als wir mit dem Schlappenhockey fertig sind, gehen wir noch eine Etage höher – zur Schmuckabteilung. Der ÜL ist ein Polizist, der einen großen Diamantschatz im Kaufhaus bewachen soll. Der Schatz besteht aus vielen Kleinmaterialien (Bälle, Bierdeckel, Tücher, Tennisringe usw.), die in ein bis zwei Reifen oder auf einer Matte liegen. Die Kinder sind die Räuber, die den Schatz klauen möchten. Sie müssen sich vorsichtig anschleichen, damit der Polizist, der immer um den Reifen herumgeht, sie nicht erwischt (berührt). Die Räuber sammeln ihre Diamanten auf einer Matte oder in einem Ballkorb. Wer von dem Polizisten geschnappt wurde, muss einmal Slalom um die Hütchen laufen. Dann kann er wieder mitmachen.

Variationen:

- Es können mehrere Reifen mit Diamanten in größeren Abständen
  ausliegen, die vom ÜL und eins bis zwei Kindern bewacht werden

Abschluss:

vgl. Abschlussrituale

Literatur

Beck, F. (2013a). *Dopaminsport – Hirnforschung zur Optimierung des sportlichen Trainings und Förderung kognitiver Leistung für Schule und Verein.* Unveröffentlichtes Manuskript.

Beck, F. (2013b). *Förderung exekutiver Funktionen in kleinen Sportspielen in der Grundschule – ein neurobiologisch motivierter Ansatz.* Unveröffentlichtes Manuskript.

Berwid, O. G. & Halperin, J. M. (2012). Emerging support for a role of exercise in attention-deficit/hyperactivity disorder intervention planning. *Current Psychiatry Report, 14,* 543–551.

Blair, C. & Razza, R. P. (2007). Relating effortful control, executive function, and false belief understanding to emerging math and literacy ability in kindergarten. *Human Development and Family Studies: Child Development, 78,* 647–663.

Blumenthal, E. (1993). *Kooperative Bewegungsspiele.* Schorndorf: Hofmann.

Blumenthal, E. (1996). *Bewegungsspiele für Vorschulkinder.* Schorndorf: Hofmann.

Bös, K. (2003a). Motorische Leistungsfähigkeit von Kindern. Was wissen wir wirklich – was sollten wir tun? In Club of Cologne (Hrsg.), *Bewegungsmangel bei Kindern: Fakt oder Fiktion?* (S. 10–24). Hamm: Achenbach.

Bös, K. (2003b). Motorische Leistungsfähigkeit von Kindern und Jugendlichen. In W. Schmidt (Hrsg.), *Erster Deutscher Kinder- und Jugendsportbericht* (S. 85–107). Schorndorf: Hofmann.

Bös, K., Worth, A., Opper, E., Oberger, J., Romahn, N., Woll, A., Wagner, N. & Jekauc, B. (2008). *Das Motorik Modul: motorische Leistungsfähigkeit und körperlich-sportliche Aktivität von Kindern und Jugendlichen in Deutschland.* Baden-Baden: Nomos.

Brettschneider, W.-D. & Naul, R. (2004). *Study on Young People's LifeStyles and Sedentariness and the Role of Sport in the Context of Education and as a Means of Restoring the Balance.* Paderborn: University.

Bucher, W. (Hrsg.). (2007). *704 Spiel- und Übungsformen im Handball* (3. überarb. Aufl.). Schorndorf: Hofmann.

Bünemann, A. (2008). Zum komplexen Ursachengeflecht von Übergewicht und Adipositas im Kindes- und Jugendalter. In W. Schmidt (Hrsg.), *Zweiter Deutscher Kinder- und Jugendsportbericht. Schwerpunkt: Kindheit* (S. 115–124). Schorndorf: Hofmann.

Burton, A. W. & Miller, D. E (1998). *Movement Skill Assessment.* Champaign: Human Kinetics.

Carl, A. & Hennig, A. (2011). *Tierisch in Bewegung.* Heidelberg: Baier.

Club of Cologne (2003). Consensus-Erklärung der 3. Konferenz des Club of Cologne. In Club of Cologne (Hrsg.), *Bewegungsmangel bei Kindern: Fakt oder Fiktion?* (S. 6–9). Hamm: Achenbach.

Döbler, E & H. (1995). *Spiele für Kinder im Kindergarten und zu Hause.* Berlin: Sportverlag.

Duckworth, A. L. & Seligman M. E. P. (2005). Self-discipline outdoes IQ in predicting academic performance of adolescents. *Psychological Science, 16* (12), 939–944.

Gulden, E. & Scheer, B. (2011). *Ballspiele im Kindergarten.* München: Don Bosco.

Grüger, C. (2012). *Bewegungslandschaften im Eltern-Kind-Turnen* (3. Aufl.). Wiebelsheim: Limpert.

Haverkamp, N. & Roth, K. (2006). *Untersuchungen zur Familienähnlichkeit der Sportspiele.* Bielefeld, Heidelberg: Universität.

Hoffmann, J. (1993). *Vorhersage und Erkenntnis.* Göttingen: Hogrefe.

Horch, K. (2008). Gesundheitszustand von Kindern und Jugendlichen: Ausgewählte Ergebnisse des Nationalen Kinder- und Jugendgesundheitssurveys (KiGGS). In W. Schmidt (Hrsg.), *Erster Deutscher Kinder- und Jugendsportbericht* (S. 125–136). Schorndorf: Hofmann.

Hossner, E. J. (1995). *Module der Motorik.* Schorndorf: Hofmann.

Huber, G. (2013). *Kids aktiv Projekt.* Unveröffentlichte Daten. Heidelberg: ISSW.

Just, R. & Müller, M. (2013). *Fantasievolle Bewegungslandschaften.* Freiburg: Herder.

Kantomaa, M. T., Stamatakis, E., Kankaanpää, A., Kaakinen, M., Rodriguez, A., Taanila, A., Ahonen, T., Järvelin, M. R. & Tammelin, T. (2013). Physical activity and obesity mediate the association between childhood motor function and adolescents' academic achievement. *PNAS, 1*–6.

Keller, H. & Meyer, H. J. (1982). *Psychologie in der frühen Kindheit.* Stuttgart: Kohlhammer.

Kosel, A., Wnuck, A. & Breithecker, D. (2005). *Kindergarten in Bewegung – Grundlagen für Gesundheit und Bewegungssicherheit.* Wiesbaden: Bundesarbeitsgemeinschaft für Haltungs- und Bewegungsförderung.

Krug, T. & Asmus, S. (2012). *Phantasiereich der Bälle. Bewegungsgeschichten rund um den Ball.* Celle: Pohl.

Kubesch, S., Emrich, A. & Beck, F. (2011). Exekutive Funktionen im Sportunterricht fördern. *sportunterricht, 60* (10), 312–316.

Kurz, D. (2003). Vorwort. In Club of Cologne (Hrsg.), *Bewegungsmangel bei Kindern: Fakt oder Fiktion?* (S. 3–5). Hamm: Achenbach.

Lange, H. (2013). *Spielend Bälle spielen. 144 praxiserprobte Übungen und Spiele zur Koordinationsschulung im Ballsport.* Wiebelsheim: Limpert.

Mack, A. & Rock. I. (1998). *Inattentional Blindness.* Cambridge: MIT.

Ministerium für Bildung, Frauen und Jugend Rheinland-Pfalz (2004). (Hrsg.). *Bildungs- und Erziehungsempfehlungen für Kindertagesstätten. Kinderfreundliches Rheinland-Pfalz.* Mainz: Eigendruck.

Ministerium für Jugend, Kultur und Sport Baden-Württemberg (2006). *Orientierungsplan für Bildung und Erziehung für die baden-württembergischen Kindergärten.* Berlin: Cornelsen.

Ministerium für Schule, Jugend und Kinder Nordrhein-Westfalen (2003). *Bildungsvereinbarung NRW: Fundament stärken und erfolgreich starten.* Frechen: Ritterbach.

Neumaier, A. & Mechling, H. (1995). Taugt das Konzept koordinativer Fähigkeiten als Grundlage für sportartspezifisches Koordinationstraining? In P. Blaser, K. Witte & C. Stucke (Hrsg.), *Steuer- und Regelvorgänge der menschlichen Motorik* (S. 207–212). St. Augustin: Academia.

Niedersächsisches Kultusministerium (2005). (Hrsg.). *Orientierungsplan für Bildung und Erziehung im Elementarbereich Niedersächsischer Tageseinrichtungen für Kinder.* Hannover: Eigendruck.

Oltmanns, K. (2006). *Mit Spiel zum Ziel. Teil 1: Kleine Spiele zur Konditionsschulung.* Münster: Philippka.

Roberton, M. A. (1977). Stability of stage categorizations across trials: Implications for the 'stage theory' of overarm throw development. *Journal of Human Movement Studies, 3,* 49–59.

Roth, K. (1998). Wie verbessert man die koordinativen Fähigkeiten? In Bielefelder Sportpädagogen (Hrsg.), *Methoden im Sportunterricht* (3. Aufl., S. 85–102). Schorndorf: Hofmann.

Roth, K., Bohn, G., Casara, T. & Kröger, C. (2011). *MOTORIK ABC – ein altersgerechtes Bewegungsangebot für Klein- und Vorschulkinder.* Heidelberg: ISSW.

Roth, K. & Kröger, C. (2011). *Ballschule – ein ABC für Spielanfänger* (4. überarb. Aufl.). Schorndorf: Hofmann.

Roth, K. & Roth, C. (2009a). Entwicklung koordinativer Fähigkeiten. In J. Baur, K. Bös, A. Conzelmann & R. Singer, (Hrsg.), *Handbuch motorische Entwicklung* (S. 197–225). Schorndorf: Hofmann.

Roth, K. & Roth, C. (2009b). Entwicklung motorischer Fertigkeiten. In J. Baur, K. Bös, A. Conzelmann & R. Singer, (Hrsg.), *Handbuch motorische Entwicklung* (S. 227–247). Schorndorf: Hofmann.

Roth, C. & Roth, K. (2013). *Interkulturelle Vergleichsstudie zur motorischen Entwicklung 9- bis 17-jähriger Kinder.* Unveröffentlichte Daten. Heidelberg: ISSW.

Schmidt, W. (Hrsg.). (2008). *Zweiter Deutscher Kinder- und Jugendsportbericht. Schwerpunkt: Kindheit.* Schorndorf: Hofmann.

Simons, D. J. & Chabris, C. F. (1999). Gorillas in our midst: sustained inattentional blindness for dynamic events. *Perception, 28,* 1059–1974.

Völker, K. (2008). Wie Bewegung und Sport zur Gesundheit beitragen – Tracking-Pfade von Bewegung und Sport zur Gesundheit. In W. Schmidt (Hrsg.), *Zweiter Deutscher Jugendsportbericht. Schwerpunkt: Kindheit* (S. 89–106). Schorndorf: Hofmann.

Winter, R. & Hartmann, C. (2007). Die motorische Entwicklung (Ontogenese) des Menschen (Überblick). In K. Meinel & G. Schnabel (Red.), *Bewegungslehre – Sportmotorik* (S. 243–374). Aachen: Meyer & Meyer.

Wittgenstein, L. (1960). *Philosophische Untersuchungen.* Schriften, Band 1. Frankfurt: Akademie.

Woll, A., Jekauc, B., Mees, F. & Bös, K. (2008). Sportengagements und sportmotorische Aktivität von Kindern. In W. Schmidt (Hrsg.), *Zweiter Deutscher Kinder- und Jugendsportbericht. Schwerpunkt: Kindheit* (S. 177–191). Schorndorf: Hofmann.

Wulff, C. (2012). Rede zur Eröffnung des Kongresses „Bewegte Kindheit" am 17. März 2011 in Osnabrück. In I. Hunger & R. Zimmer (Hrsg.), *Frühe Kindheit in Bewegung – Entwicklungspotenzial nutzen* (S. 11–15). Schorndorf: Hofmann.

Zimmer, R. (2004). *Handbuch der Bewegungserziehung* (20. Gesamtauflage). Freiburg: Herder.

Zimmer, R. (2010). *Handbuch Sprachförderung durch Bewegung* (4. unv. Auflage). Freiburg: Herder.

Zimmer, R. (2013). *Sport & Spiel im Kindergarten* (5. überarb. Aufl.). Aachen: Meyer & Meyer.

www.sportfachbuch.de

Prof. Dr. Klaus Roth / Dr. Christian Kröger

Ballschule –
Ein ABC für Spielanfänger

2011. DIN A5, 224 Seiten
ISBN 978-3-7780-0014-4

Bestell-Nr. 0014   **€ 19.90**
E-Book auf sportfachbuch.de € 15.90

Diese Neuauflage beinhaltet ein Plädoyer für eine allgemeine, übergreifende Einführung in die Welt der Sportspiele. Die Ballschule orientiert sich dabei in einer bisher einzigartigen Weise an aktuellen bewegungs- und trainingswissenschaftlichen Modellvorstellungen.
Das ABC für Spielanfänger beruht auf drei inhaltlichen Säulen. Im Rahmen von Baustein-Spielen und Baustein-Übungen werden genau definierte taktische (A), koordinative (B) und technische Basiskompetenzen (C) geschult. Das methodische Vorgehen wird mit einer Vielzahl von Praxisbeispielen verdeutlicht, die über den Anfängerbereich hinaus auch im Training mit Fortgeschrittenen eingesetzt werden können.

Steinwasenstraße 6–8 · 73614 Schorndorf
Telefon (0 71 81) 402-125 · Telefax (0 71 81) 402-111
E-Mail: bestellung@hofmann-verlag.de · www.sportfachbuch.de

www.sportfachbuch.de

Klaus Roth / Christian Kröger / Daniel Memmert

Ballschule
Rückschlagspiele

2014. DIN A5, 160 Seiten
ISBN 978-3-7780-0073-1

Bestell-Nr. 0073   **€ 18,–**
E-Book auf sportfachbuch.de € 14.90

Dieser Band präsentiert die zweite Stufe eines integrativen Modells der Sportspiel-vermittlung. Vorgeschlagen wird eine sportspielorientierte Ausbildungsebene, die neben der – in diesem Buch vorgestellten – Ballschule Rückschlagspiele noch eine Ballschule Torschuss- und Wurfspiele umfasst. Die zentralen Ziele und Inhalte lassen sich in drei Bereiche gliedern: Schulung der Bewältigung von Taktik-, Koordinations- und Technik-bausteinen. In ausführlichen Praxiskapiteln werden zahlreiche Anregungen für den Schul- und Vereinssport gegeben.

Steinwasenstraße 6–8 · 73614 Schorndorf
Telefon (0 71 81) 402-125 · Telefax (0 71 81) 402-111
E-Mail: bestellung@hofmann-verlag.de · www.sportfachbuch.de

Klaus Roth / Daniel Memmert /
Renate Schubert

Ballschule
Wurfspiele

2013. DIN A5
152 Seiten + CD-ROM
ISBN 978-3-7780-0212-4
Bestell-Nr. 0212   **€ 21.90**

Das Buch ist eine Fortführung des Bandes Ballschule – Ein ABC für Spielanfänger.
Die Kinder und Jugendlichen erwerben – mit einem Schwerpunkt auf freie, spielerische
Erfahrungssammlungen – vor allem taktische, koordinative und technische Basiskompetenzen. In ausführlichen Praxiskapiteln werden zahlreiche Spielformen und Übungs-
beispiele für den Vereinssport präsentiert. **Inklusive CD-ROM mit Videoclips.**

Steinwasenstraße 6–8 · 73614 Schorndorf
Telefon (0 71 81) 402-125 · Telefax (0 71 81) 402-111
E-Mail: bestellung@hofmann-verlag.de · www.sportfachbuch.de